아나뱁티스트 신앙의 정수

Anabaptist Essentials

팔머 베커

황의무 옮김

아나뱁티스트 신앙을 위해

생을 바친 선조들에게

이 책을 바친다.

추천의 글

신학자 팔머 베커Palmer Becker의 메노나이트 신앙에 대한 표현 방식은 탁월하다. … 메노나이트 신자가 예수와 공동체와 화해라는 세 가지 요소를 얼마나 중요하게 생각하는지를 다른 사람에게 설명한다는 것은 결코 쉬운 일이 아니다.

말콤 글래드웰Malcom Gladwell, 『타인의 해석』, 『아웃라이어』 저자

『아나뱁티스트 신앙의 정수』Anabaptist Essentials는 전 세계 아나뱁티스트 교회에 많은 영향을 끼쳤던 베커의 전작 『아나뱁티스트 크리스천』What is an Anabaptist Christian?에서 발전시켰던 주제들을 더 깊게 다룬다. 이 책은 우리에게 깊은 통찰력과 영적 성장을 제공한다.

린다 쉘리Linda Shelly, 라틴 아메리카 메노나이트 선교 네트워크 대표

『아나뱁티스트 신앙의 정수』는 기독교 신앙의 중요한 원리이지만 그동안 전통적인 교회가 등한시해온 그리스도인의 근원적인 가치관과 원리에 대해 조명한다. 이 책은 하나님 나라의 원래적 비전을 추구하는 자들에게 풍부한 영감의 원천을 제공한다.

김경중, 메노나이트 세계 협회 동북아지부 대표

『아나뱁티스트 신앙의 정수』는 교회 선교에 헌신하고자 하는 자들이 많은 도움을 받을 수 있는 책이다. 이 책은 탁월한 구성과 친근감으로 누구나 쉽게 접근할 수 있을 뿐만 아니라 다른 교단을 전적으로 인정하는 포용력을 보여주며, 장마다 주제와 관련된 질문을 통해 풍성한 토론의 장을 제공한다.

론 마티스Ron Mathies, 전 메노나이트 중앙위원회 집행위원

추천의 글

김복기 캐나다메노나이트교회

최근에 만난 한 목사님으로부터 "교회란 무엇인가 고민한 지 30년이 넘었는데, 교회를 잘 모르겠다"는 말을 들었다. 여기저기서 "평생 교회를 다녔는데, 더 이상 교회를 다닐 수 없어 떠날 준비를 하고 있다"는 말도 들린다. 실제로 평화교회 관련 강의에 참여한 2030세대들의 마음에 교회는 없다. 팬데믹을 지나 교회의 민낯은 더 드러났다. 교회를 나가지 않고 컴퓨터 모니터나 핸드폰 화면 앞에서 예배를 드리거나, 줌 화면을 꺼놓고 말 그대로 "예배 보는" 사람들이 많아졌기 때문이다. 과연 교회란 무엇일까?

어느 때부터인지 사람은 본질을 추구하기 시작했다. 본질을 추구하는 일은 의미를 찾는 일이다. 존재감을 느끼는 것도 좋지만, 자신의 진짜 존재를 제대로 드러내고 살아가는 삶을 요구하기 시작했다. 교회에서 이러한 존재를 확인하는 일은 생각만으로 되지 않고, 말만으로도 되지 않는다. 기존의 믿음과 확신은 일시적 도움은 되지만, 결국 삶으로 연결되지 않을 때, 그 믿음은 아무 것도 아닐 수 있다는 사실을 사람들 대부분이 알아버렸다.

새로운 정보가 힘이었던 시대는 지나가고 있고, 배움도 정보 중심에서 관계 중심으로 옮겨가고 있다. 머리에 든 지식보다는 삶으로 살아내는 모습이 절실한 요즘이다. 그래서 사람들은 더 이상 생각, 이상, 말로 설득하는 차원을 넘어 말한대로 살아가는 신앙의 모습을 보고 싶어 했다. 그런 교회다 싶으면 방문하여 눈으로 확인하고 그 교회에 소속하기를 원하는 사람이 늘고 있다. 아직도 제도교회와 건물교회에 머물러 있는 사람들에게는 이해가 되지 않지만, 믿음belief과 행동behavior과 소속감belonging을 모두 필요로 하는 사람들에게는 이러한 교회가 절실하다.

...

언제부터인지 한국 교계에 다시 예수 그리스도와 초기 교회의 삶이 재조명되기 시작했다. 초기교회의 문화와 사상을 연구한 로버트 뱅크스의 저술이라든가, 제임스 던의 초기교회의 기원에 대한 역작이 소개되었고, 교회의 본질과 사명에 대해 언급한 하워드 스나이더의 책도 소개되었다. 더불어 초대교회의 예배와 전도라든가, 기독교 공인을 교회의 승리가 아니라 교회가 타락하게 된 회심의 변질로 읽는 시도들이 생겨나기 시작했다. 이러한 때에 교회사적 맥락과 교단 간의 특징을 명쾌하게 풀어낸 책을 만나게 된 것은 큰 축복이 아닐 수 없다.

팔머 베커 교수님의 책은 작지만 핵심을 찌르는 매력이 들어있다. 일상의 용어로 설명하면서도 성서와 예수 그리스도의 가르침을 잘 드러내 준다. 이미 우리에게 『아나뱁티스트 크리스천』과 『새로운 시작』을 선물한 저자는 존경받는 메노나이트 교수이자 목회자로서 이론이 아닌 실천가능한 교회론을 우리에게 소개하였다. 북미는 물론 유럽, 아프리카, 아시아의 모든 교회들이 읽고 배울만한 핵심 가치를 일목요연하게 정리한 책이라 더 반갑다. 교수나 목회자이기 전에 한 사람의 그리스도인으로서 살아온 삶을 잘 알기에 『아나뱁티스트 신앙의 정수』는 더 의미가 깊다.

...

19세기에서 20세기로 넘어오던 시기에는 학문의 발전과 더불어 그늘에 가려져 있던 아나뱁티스트 운동이 겉으로 드러나기 시작했다. 초기 아나뱁티스트 운동에 관한 관심이 일어나기 시작했고, 헤롤드 벤더라는 걸출한 교회사가를 통해 『아나뱁티스트 비전』이 미국 교계와 신학계에 모습을 드러내기 시작했다. 아나뱁티스트 르네상스라 부르기 시작한 이때, 특히 20세기 초반의 관심은 벤더 서클을 형성하면서 걸출한 메노나이트 신학자들을 태동시켰다. 꼭 메노나이트라는 이름이 아니라 할지라도 기독교계에 음으로 양으로 서로 영향을 주고받으며 복음의 본질에 대해 고민하는 사람들이 많아졌다.

이미 여러 곳에서 소개했던 것처럼 아나뱁티스트는 16세기에 일어난 교회개혁 운동의 한 흐름으로 모진 핍박을 받으며 생존해온 그리스도교 운동이다. 주류에 의해 소외되거나 핍박을 받았지만, 삶으로 존재를 증명해 냈고 현재 메노나이트, 후터라이트, 아미시, 그리스도의 형제교회Brethren in Christ, 부르더호프 등이 정신을 이어왔다. 더 많은 작고 큰 그룹들이 있지만, 아나뱁티스트 그룹들은 하나의 운동으로 동일한 기본 가치를 공유하고 있다. 이 기본적인 공유가치를 헤롤드 벤더는 제자도, 공동체, 평화로 정리했고 이는 그리스도를 따르는 삶, 교회, 비폭력 무저항의 가치로 설명해왔다.

21세기에 들어서면서 문화적 맥락을 따라 표현은 달라졌지만, 이전의 핵심가치는 변하지 않았다. 오히려 좀 더 구체적으로 표현되기 시작했고, 그것을 메노나이트 교회와 선교라는 차원에서 정리한 것이 팔머 베커의 『아나뱁티스트 크리스천』이다. 이 소책자에서 저자는 아나뱁티스트 크리스천이 추구하는 핵심 가치로 세 가지를 밝히고 있다. 이는 아나뱁티스트라면 누구나 동의하는 가치이자 삶의 고백으로, 그 핵심 내용은 다음과 같다: 예수는 우리 신앙의 중심이다. 공동체는 우리 생활의 중심이다. 화해는 우리 사역의 중심이다.

팔머 베커는 이 세 가지 기본 가치에 살을 붙여 『아나뱁티스트 신앙의 정수』를 출간했다. 이 책의 특징은 기존의 교파와 아나뱁티스트가 어떻게 서로를 배려하며 부족한 부분을 채울 수 있을까 하는 현실적인 고민과 고뇌를 담고 있다. 이전에는 서로의 '다름'과 '다양성'을 옳고 그름으로 나누어 날선 논쟁을 일삼았다면, 이제는 서로의 독특한 신학의 면모를 살피는 배움과 통찰의 지혜로 바꾸어나가고 있다. 그러기에 "내 신학", "내 신앙" 혹은 "우리 신학", "우리 신앙"을 강조했던 이전과는 달리 모두가 한 하나님을 믿고 있는 그리스도인으로서 어떻게 하면 서로 배우고, 돌보고, 포용하면서 함께 배울 수 있을지 두 팔을 벌린다. 이 책은 아나뱁티스트 렌즈로 여러 기독교 전통을 비교분석하는 가운데 독자들에게 어떻게 하면 예수 그리스도의 주되심을 올곧이 실천하며, 과연 교회는 어떤 모습의 공동체로 존재해야 하는지, 그리고 이 세상 속에서 화해자로 산다는 것이 어떤 의미인지를 명시적으로 보여주고 있다.

특별히 "토론을 위한 질문"은 본문의 내용을 명확하게 정리해 주고 있을 뿐만 아니라, 신앙의 본질에 대해 깊이 연구하고 삶으로 살아갈 든든한 토대를 형성해주는 질문들로 작용하기에 더 값지다.

　이 책이 태생적으로 『아나뱁티스트 신앙의 정수』라는 제목을 달고 있지만, 사실은 『그리스도교 신앙의 정수』라고 붙여도 좋을만큼 성경적이고, 역사적이고, 교회론적이다. 시대의 흐름에 휩쓸려 내가 믿어왔던 신앙이 흔들린다면, 그리고 오랜 신앙생활을 해왔음에도 불구하고 교회가 도대체 무엇인지 잘 알지 못하는 독자들이라면 꼭 읽어보도록 추천한다. 신앙은 있다고 주장하나 신학이 없다는 말을 듣는 한국 교회와 성도들에게 오래 간직할 만한 좋은 선물이 될 것이다.

차례

서론

나는 캔자스주 헤스톤Hesston, Kansas에서 개최된 총회에 "제자삼기"라는 주제로 기조연설을 해 달라는 부탁을 받았다. 강연의 초점은 아나뱁티스트의 관점에서 우리의 신앙을 어떻게 나눌 것인가라는 것이었다. 내 머릿속에는 예수, 공동체, 화해라는 세 단어가 떠올랐다. 나는 이 세 단어를 우리의 기억 속에 보편화된 세 문장으로 확장했다. "예수는 우리 신앙의 중심이다." "공동체는 우리 삶의 중심이다." "화해는 우리 사역의 중심이다." 이 세 문장은 기조연설의 핵심 가치가 되었으며, 『아나뱁티스트 크리스천』*What is an Anabaptist Christian?* 이라는 24페이지 분량의 소책자로 확장되었다. 이 책 『아나뱁티스트 신앙의 정수』*Anabaptist Essentials* 는 이처럼 세 단어로 시작하여 지금과 같은 모습을 갖추게 된 것이다.

초기 아나뱁티스트는 세 가지 원리에 따라 살았으며, 그것을 위해 기꺼이 목숨을 내어놓았다. 세 가지 핵심 원리는 그들이 온 열정을 쏟아 바친 확신이자 신념이었다. 그들은 나에게 "우리가 목숨을 걸고 지켜야 할 가치관과 신념은 무엇인가?"라는 질문을 던진다.

나는 이 책을 통해 오늘날 우리가 이러한 가치관에 대해 어떻게 이해하고 실천해야 할 것인가에 대해 살펴볼 것이다. 이 책은 주로 북아메리카에서의 경험을 중심으로 접근하겠지만, 동남아시아와 중동과 남아메리카에서의 경험 및 강의를 통해 얻은 통찰력도 적극 반영할 것이다. 나는 다른 지역 및 문화에서 이 열 가지 관점을 어떻게 받아들이고 경험하는지에 대한 반응이 궁금하며, 함께 의견을 나눌 수 있기를 기대한다.

아나뱁티스트 신자들은 신조에 있어서 다른 신자들과 많은 공통점을 가지고 있다. 우리는 인격적인 삼위일체 하나님을 믿는다. 그는 거룩하시며 자비로우신 하나님이시다. 우리는 예수 그리스도의 인성과 신성에 대한 믿음과 회개를 통해, 은혜로 구원을 받는다는 사실을 믿는다. 우리는 성령의 능력과 그리스도의 몸된 교회를 믿는다. 그러나 아나뱁티스트는 이러한 기본적 신조들에 대해 다른 그리스도인과 다소 다른 방식으로 받아들이는 경향이 있다. 이러한 차이는 외견상 별 것 아닌 것처럼 보이지만, 기독교 신앙을 어떻게 인식하고 실천할 것인가에 대해 큰 차이를 가져온다.

아나뱁티스트는 종종 다른 신자와의 유사성을 강조하며 차이점에 대해서는 등한시해왔다. 물론 그래야 한다. 그러나 연합을 위한 이러한 노력은 결과적으로 아나뱁티스트 전통이 기독교 전체에 알려야 할 자신만의 훌륭한 특성과 장점을 사장해버리고 말았다. 가톨릭이나 루터교나 침례교 신앙에 대한 연구를 통해 통찰력을 배울 수 있듯이, 아나뱁티트스 신앙을 실천하는 자들에게서도 배울 것이 있다. 기독교 신앙의 한쪽 영역에서 제기되는 주장들은 다른 영역에도 전달되어야 한다.

나는 이 책에서 아나뱁티스트가 대부분의 다른 그리스도인과 다른 열 가지 방식에 대해 서술할 것이다. 이러한 "독특한 특징"은 아나뱁티스트가 더 낫다거나 다른 그리스도인이 못하다는 의미가 아니다. 다만 아나뱁티스트가 다른 그리스도인이 이해하는 기독교 신앙에 덧붙일 내용이 있다는 것이다. 기독교의 여러 종파가 자신의 음식을 가지고 모인 식사 자리에서 아나뱁티스트가 이 열 가지 관점을 접시에 담아 식탁에 올린다고 가정해보라. 그룹마다 자신만의 특별한 관점을 제공할 때 전체는 더욱 강해진다. 이 책의 목적은 우리와 다른 관점에 대한 경쟁심이나 거부감을 가지지 않으면서 아나뱁티스트 신앙을 강화하는 것이다.

나는 초기 아나뱁티스트 신자들만이 가지고 있던 몇 가지 본질적인 신앙적 통찰력을 지금은 다른 많은 신자가 당연하게 받아들이고 있다는 사실을 알고 있다. 그러나 일부 신조와 행위는 여전히 다른 전통의 사람들에게 도전과 혼란을 불러일으키고 있다.

이 책의 근간이 되는 세 가지 핵심 가치는 새로운 것이 아니다. 그것은 예수 그리스도의 인격과 사역에 기초하며 초기 교회를 지탱한 토대였다. 1943년, 미국교회사협회 회장인 벤더Harold S. Bender는 이 세 가지 핵심 가치를 "재세례신앙의 비전"The Anabaptist Vision 1이라고 불렀다. 그의 설명에 따르면 아나뱁티스트 신자들은 기독교를 제자도discipleship로, 교회를 형제됨brotherhood으로, 그리스도인의 삶을 사랑과 무저항의 윤리an ethic of love and nonresistance로 생각한다는 것이다.

기업가들은 프로그램이나 목표는 달라질 수 있어도 "조직이나 단체를 태동시킨 모태가 되는 핵심 가치는 변할 수 없다"고 조언한다.2 이러한 가치는 "신성하다"고까지 말한다. 나는 이 책에서 이러한 핵심 가치들이 아나뱁티스트 신자의 정체성이자 기독교 신앙의 진수라는 사실을 보여줄 것이다.

"예수는 우리 신앙의 중심"이라는 첫 번째 핵심 가치는 1장과 2장 및 3장에서 다루었다. 이 가치는 우리에게 날마다 예수를 따르고 예수의 관점에서 성경을 해석하며 예수를 최종적 권위로 보게 한다.

"공동체는 우리 삶의 중심"이라는 두 번째 가치는 4장과 5장 및 6장에서 다루었다. 이 가치는 수평적 용서야말로 공동체의 핵심이며, 하나님의 뜻은 상호 의견을 주고받음으로써 분별할 수 있으며, 소그룹은 교회의 가장 작은 기본 단위라고 주장한다.

"화해는 우리 사역의 중심"이라는 세 번째 가치는 7장과 8장 및 9장에서 다루었다. 이 가치는 개인과 하나님의 화해, 공동체 내 지체 간의 화해, 신자가 타락한 세상에서 평화구축자로서 감당해야 할 역할에 대해 보여줄 것이다.

10장과 11장 및 12장은 결론을 제시한다. 10장은 초기 아나뱁티스트가 종교개혁의 은사 운동에 해당하며 성령의 사역은 기독교 신앙의 구현 및 실천의 근간이 된다는 사실을 보여준다. 11장은 독자에게 이 책의 핵심 내용에 대한 사색과 성찰을 촉구한다.

위 도표에서 볼 수 있는 것처럼 이 세 가지 핵심 가치는 성령을 중심축으로 결속되어 있다.

책의 내용이 요약적이라는 것은 이 책의 장점이자 단점이다. 나는 초기 아나뱁티스트가 긍정적으로 기여한 부분에 대해 강조하느라 다른 신앙 전통의 장점을 제대로 드러내지 못하는 경향이 있다. 내가 그렇게 한 것은 아나뱁티스트 운동이 추구하는 이상에 초점을 맞춤으로써 그러한 이상이 오늘날의 상황에서 논의되고 적용되기를 원했기 때문이다. 나는 아나뱁티스트가 항상 옳고 자신이 전파하는 대로 행한 것은 아니라는 사실을 인정하는 첫 번째 사람일 것이다.

예수를 따르는 자들은 신앙적 관점이 다른 사람들을 신뢰하고 열린 마음으로 따뜻하게 대할 필요가 있다. 우리 모두는 언제 어디서나 함께 교제하고 생각하며 동역할 수 있어야 한다. 우리는 함께 생각하고 사역하는 가운데 자연스럽게 자신의 관점과 신조를 나누게 될 것이다. 우리는 영적인 생명력을 갉아먹는 세력에 대해서는 단호히 맞서야겠지만, 다른 사역자들이 그리스도의 영으로 하는 일에 대해서는 옹호해야 한다. 개인이나 교회나 교단적 차원에서 상호 이견이 있을 때도 언제나 사랑하는 마음이 우선되어야 한다. 사랑하는 마음에는 각자가 유익하다고 생각하는 진리를 열정적으로 나눌 때 상대의 말을 진지하게 듣는 것도 포함된다.

나는 이 책을 집필하면서 로스앤젤레스에서 사역하고 있는 제프 라이트Jeff Wright를 비롯하여 스튜어트 머레이Stuart Murray, 알프레드 뉴펠트Alfred Newfeld, 존 로스John Roth, 아놀드 스나이더C. Arnold Snyder와 같은 작가들로부터 많은 도움을 받았다.3 1995년에 미국과 캐나다의 메노나이트 교회가 공동으로 채택한 『메노나이트 신앙고백』The Confession of Faith in a Mennonite Perspective은 본서의 틀을 형성했다.4 밥 드레이퍼Barb Draper는 "토론을 위한 질문" 준비에 도움을 주었으며, 코일Cynthia Friesen

Coyle은 도표를 만들어주었다. 그 외에도 Mark Weising, Ally Siebert, Mandy Witmer는 자료조사 및 교정에 도움을 주었다. 특히 편집자인 발레리Valerie Weaver-Zercher는 모든 과정에 유익한 조언을 아끼지 않았다. 이들의 노고와 함께 나의 아내 아르디스Ardys에게 진심 어린 감사를 드린다.

팔머 베커Palmer Becker

기독교 역사 요약

초대교회는 예루살렘의 다락방에 모인 예수의 제자들에게 성령이 임한 오순절에 시작되었다.^{행 1:12-14; 2:1-4 참조} 그날 사도 베드로는 무리 앞에 서서 잘못된 충성과 말과 행위를 회개하고 예수를 신앙의 중심으로 받아들일 것을 촉구했으며, 그날에 약 삼천 명의 신도가 더했다.^{행 2:38-41 참조}

처음 250년 동안, 그리스도인은 예수를 자신의 스승이자 구원자이며 주Lord로 받아들이고 그분께 전적으로 순종하는 새로운 삶을 사는 사람으로 인정받았다. 많은 사람은 예수의 제자들을 "도를 따르는 사람"^{행 9:2; 19:9, 23; 24:14, 22}으로 불렀다.

사도행전에 따르면 그들은 서로의 집에서 만나 필요에 따라 소유를 나누고 인종이나 계급이나 출신지를 따지지 않고 새로운 신자를 받아들인, 변화된 사람들이었다.

기독교 신앙에 어떤 변화가 있었는가?

불행히도 이어진 몇 세기 동안 기독교 신앙은 다른 종교가 되어버렸다고 할 만큼 큰 변화가 있었다.[5] 많은 그리스도인은 드디어 끔찍한 박해가 끝나고 교회가 중동과 유럽과 아프리카 대부분을 점령할 만큼 성장했다고 기뻐했으나 아나뱁티스트는 오히려 교회가 타락한 시기로 보았다.

원래의 기독교에서 크리스텐덤기독교왕국 또는 제국적 종교로 불리는 시대로의 변화를 보여주는 두 명의 상징적 인물이 있다. 한 명은 정치인이고 다른 한 명은 신학자다.

콘스탄티누스는 정치가이자 주후 306년부터 337년까지 로마제국을 다스린 황제였다.[6] 그는 312년 밀비안 다리Milvian Bridge 전투 중 헬라어로 "이 징조로 승리할 것"이라는 문구가 쓰인 십자가 환상을 보았다고 주장했다. 그는 전쟁에서 이겼으며, 그 결과 기독교에 대한 박해는 끝나고 기독교는 로마제국이 공인하는 종교가 되었다.

로마제국과 교회는 점차 세력을 확장해갔으며, 콘스탄티누스는 로마제국뿐만 아니라 교회의 수장이 되었다. 이 시기에 수백만 명의 사람이 "그리스도인"이 되었다. 더구나 새로운 신자는 자신의 의사와 상관없이 군사적 정복을 통해 기독교로 전향해야 했다. 그 결과, 교회가 세상 속으로 들어가는 것이 아니라 세상이 교회 속에 들어오게 되었다.

아나뱁티스트의 관점에서 볼 때 교회는 여러 부분에서 본질적 속성과 특징을 잃어버렸다. 스튜어트 머레이는 크리스텐덤이 예수를 변방으로 내몰았고 영적화했으며 길들였다고 주장한다. 그는 계속해서 크리스텐덤 안에서 "예수의 가르침은 희석되고 사유화되었으며 변명거리가 되고 말았다. 예수는 멀리 떨어진 왕적 존재나 낭만적으로 묘사된 개인적 구주로 숭배되었을 뿐이다"[7]라고 말한다.

콘스탄티누스 대제　　　　　히포의 어거스틴

　초기 신자들은 그룹별 모임을 통해 만나 교제를 나누었으나, 이제는 교회가 확장되면서 콘스탄티누스와 그를 추종하는 자들이 위임한 거대한 교회 건물에서 모였다. 신자들에게 매일의 삶에서 예수를 따라야 할 필요성 대신 종교적 교리와 신비적 경험 및 죄사함이 강조되었다. 신자는 내적인 변화를 통해 주와 같이 생각하고 느끼며 행동해야 한다는 주장은 점차 힘을 잃었다. 그 결과 신자는 일상적 삶에 의해서가 아니라 획일

화된 신조에 의해서 판단을 받았다.

어거스틴주후 354-430년은 콘스탄티누스가 권력을 잡은 지약 백 년 후 이름을 알린 신학자다.[8]

그도 콘스탄티누스처럼 근본적인 회심을 경험했으며, 오늘날 사람들은 그를 서구 교회의 가장 위대한 신학자라고 부른다. 그러나 그의 가르침으로 인해 교회 지도자들은 그리스도의 삶보다 그의 죽음에 더 많은 초점을 맞추기 시작했다. 특히 후대의 신학자 안셀름Anselm, 1033-1109은 크리스텐덤이 섬김의 지도자로 따라야 할 그리스도보다 세상 죄를 위해 돌아가신 그리스도의 죽음의 신비에 모든 초점을 맞추도록 영향을 미쳤다. 어거스틴과 안셀름을 따르는 자들은 "예수는 우리 신앙의 중심"이라고 말하기보다 "그리스도의 죽음은 우리 신앙의 중심"이라고 말하는 경향이 있다.

교회가 세워지고 처음 250년 동안, 그리스도의 제자들은 박해 속에서 소수의 무리가 은밀하게 모여 예배했던 친밀한 공동체였다. 그러나 이제 크리스텐덤 하에서 그들은 정부와 교회로부터 재정적 지원을 받는 화려한 건물에서 모였다. 이전에는 새로운 회심자가 일정한 훈련을 받았으며 성인세례를 통해 교제에 합류했으나 이제는 누구나 유아세례를 받았으며 유대인을 제외한 모든 시민이 그리스도인으로 간주되었다. 가족이나 마찬가지였던 그리스도의 몸된 교회 개념은 대부분 사라졌다.

초기 교회 신자들은 이웃과 정기적으로 교제하며 세계 곳곳에 복음을 전파했다. 그러나 이제 개인과 하나님을 화해하게 하고 사람들 간의 화해를 도모하는 사역은 점차 힘을 잃었다. 거의 모든 초기 교회 신자들은 군 복무를 거부했으나, 이제 그리스도인은 다른 사람들과 마찬가지로 징집에 응했다.

중세 시대의 사람들은 대부분 일반인은 예수와 같은 삶을 살 수 없다고 생각했다. 종교 지도자들은 기도와 죄사함을 더욱 강조했지만, 성직자와 평신도의 도덕성은 땅에 떨어지고 말았다. 수도원 운동은 여전히 진정한 제자도를 추구했으나 대다수 그리스도인은 약 천 년 동안 이처럼 변화된 크리스텐덤 종교 아래 살았다. 이슬람은 어느 면에서 이처럼 타락한 기독교에 반발하여 일어난 종교다.

종교개혁은 무엇을 성취하였는가?

주후 1200년과 1550년 사이, 다수의 지도자들이 기독교 신앙에 심각한 문제가 있음을 감지하기 시작했다. 그중 하나인 마틴 루터1483-1546는 어거스틴 신학에 정통한 독일의 수사

마틴 루터

였다. 쯔빙글리1484-1531는 스위스의 목사였으며, 칼빈1509-1564
은 프랑스의 유명한 신학자였다. 그들은 기독교 신앙을 바로
잡고 교회를 갱신하는 일에 앞장섰다. 특히 루터는 선한 행위
에 기초하여 죄사함을 선포하고 연옥에서의 구원을 주장하며
면죄부를 팔았던 성직자들과 교황의 행위에 공격의 초점을 맞
추었다. 1517년 10월 31일 이들의 행위에 대한 공개토론을 요
구하며 비텐베르그 성당 정문에 95개 조항을 내걸었다. 이 사
건은 위대한 종교개혁의 시발점이 되었으며, 이 과정에서 아나
뱁티스트 운동이 부상했다.9

루터와 개신교 지도자들은 교회를 성경에 기록된 원래의
핵심 가치와 목적으로 회복시키고자 했다. 그들은 로마 교회
계급제도의 권력과 전통과 의식에서 탈피했으며, 모임을 통해
은혜에 의한 구원, 이신칭의, 만인제사장직을 전파했다. 그들
은 하나님의 말씀이 신실하게 선포되고 바른 성례가 시행되는
곳이 곧 교회라고 믿었다.

1524년, 봉건제도의 부당한 체제와 로마의 지시에 반발한
독일의 농부들은 일련의 봉기를 통해 잔인하고 포악한 영주와
맞섰다. 루터와 쯔빙글리는 혼란을 멈추고 질서를 유지하기
위해 정치 권력 및 봉건 영주들의 편에 섰다. 불행히도 그들은
그렇게 함으로써 부지중에 교회와 국가의 새로운 동맹을 구축
하게 된 것이다.

농민 봉기는 루터와 쯔빙글리로 하여금 원래 의도했던 개혁의 많은 부분을 이행하지 못하게 했다. 그들은 대부분의 다른 종교개혁 지도자들과 함께 콘스탄티누스가 시작한 건축물과 어거스틴이 초안한 신학으로 돌아갔다. 이것은 국가교회라는 통치 체제, 건축물 교회의 상징으로서 주교좌, 교회 가입 의식으로서 유아세례, 정부의 칼이라는 제제 수단, 그리고 윤리의 준거로서 십계명으로 회귀했음을 의미한다. 여러 면에서 개혁은 제자리를 맴돌았다.

아나뱁티스트 신앙은 어떻게 시작되었는가?

종교개혁이 절정에 달할 무렵, 콘라드 그레벨Conrad Grebel, 1498-1526, 펠릭스 만츠Felix Manz, 1498-1527, 조지 블라우락George Blaurock, 1491-1529과 같은 쯔빙글리의 문하생들이 스위스 취리히에서 정기적으로 성경공부 모임을 갖고 함께 기도하며 토론했다. 한스 후트Hans Hut, 1490-1527, 한스 덴크Hans Denck, 1495-1527, 필그람 마펙Pilgram Marpeck, d. 1556, 제이콥 후터Jacob Hutter, 1500-1536는 남부 독일과 모라비아에서 유사한 모임을 시작했다. 몇 년 후 호프만Melchior Hoffman, 1495-1543, 메노 시몬스Menno Simons, 1496-1561, 오베 필립스Obbe Philips, 1500-1568와 더크 필립스Dirk Philips, 1504-1568 형제는 네델란드에 새로운 사상을 이식했다.

그들은 각자 자신의 방식으로 살아 역사하시는 예수를 재발견했다. 그들에게 어떤 신앙과 행위를 추구하는지 묻는다면, 첫 번째 제자들과 마찬가지로 "예수 그리스도는 우리 신앙의 중심이며, 공동체는 우리 삶의 중심이며, 화해는 우리 사역의 중심"이라고 대답할 것이다. 그들은 교회가 성인 신앙고백을 한 사람들과 날마다 예수를 따르기로 헌신한 사람들로 구성되어야 한다고 믿게 되었다. 1525년 1월 21일 그레벨과 만츠와 블라우락은 서로에게 세례를 주었다. 이로서 아나뱁티스트_{문자적으로} "재세례주의자" 운동이 시작되었다.

이 초기 아나뱁티스트는 가톨릭과 개신교 단체와 지도자들이 고수했던 크리스텐덤 개념을 완전히 파괴했다. 그들은 교회가 말씀이 신실하게 전파되고 바른 성례가 시행되는 곳일 뿐만 아니라 공동체의 지체가 예수 그리스도께 공적으로 순종하는 생명력 있는 삶을 사는 곳이 되어야 한다고 주장했다. 아나뱁티스트에게 있어서, 믿음 하나만으로는 구원을 받거나 공동체의 지체가 되기에 충분한 요건이 될 수 없었다. 잘못된 헌신을 회개하고 날마다 그리스도께 순종하는 자만이 신자가 될 수 있었다. 사랑은 교회의 중요한 지표였다. 그들은 공동체 안에서는 물론 주변과 심지어 원수까지 돌아보는 진정한 사랑을 요구했다.

수많은 아나뱁티스트 모임이 생겨났으며, 이 년 후에는 신

자의 숫자가 약 이천 명으로 불
어났다. 1527년, 아나뱁티스트
지도자들은 스위스 슐라이타임
Schleitheim에서 모여 세례, 성찬,
악에서 떠남, 목사의 책임, 진리
를 말함, 그리고 폭력에 동참하
는 것을 거부함 등을 포함한 신
앙고백문을 초안했다.[10]

아나뱁티스트 신자들은 모범적 삶으로 잘 알려졌다. 술에
취하거나 다른 사람을 저주하거나 직원이나 가족을 학대하지
않는 사람들이 공개 재판을 통해 아나뱁티스트로 오인받기도
했다. 그들은 박해를 받았으며 사형을 당하기까지 했다.[11]

얼마 후, 네델란드의 가톨릭 사제였던 메노 시몬스가 아나
뱁티스트에 합류하였다. 그는 순회 전도자로 활동하며 가정이
나 다른 은밀한 장소에서 신자들을 만나 성경공부 모임을 가
졌다.[12] 뮌스터를 장악한 극단주의자들이 패배한 후, 메노는
집필에 몰두하여 많은 저서를 남겼으며 아나뱁티스트를 하나
로 모으는 데 큰 영향을 미쳤다. 그의 방문이나 영향을 받은
모임의 신자들은 메니스트Mennists로 불렸으며, 나중에는 메노
나이트Mennonite라는 이름으로 알려지게 되었다.

이 첫 번째 아나뱁티스트/메노나이트두 용어는 동의어로 사용된다 신자들은 고대의 사도신경과 은혜 구원에 대한 신앙을 고수함으로써 가톨릭과 개신교가 혼합된 단체처럼 보였다. 신학자이자 저술가인 월터 클라센Walter Klaassen은 『아나뱁티즘: 가톨릭도 프로테스탄트도 아닌』*Anabaptism: Neither Catholic nor Protestant*13이라는 제목의 책을 내기도 했다. 가톨릭과 달리, 아나뱁티스트는 거룩한 말씀이나 성물, 성소, 성인 개념이 없었다. 개신교와 달리, 아나뱁티스트는 은혜로 말미암는 이신칭의보다 중생과 변화라는 개념을 선호했다.

또한 아나뱁티스트는 대다수 가톨릭이나 개신교 지도자들에 비해 성령에 대한 언급을 많이 했다. 이런 이유로 그들은 기독교의 세 번째 유형처럼 인식되었다. 일부에서는 그들을 "좌파" 종교개혁이라고 불렀다. 폴 레더락Paul Lederach은 아나뱁티스트 운동을 "제3의 길"a third way로 지칭했다.14

초기 아나뱁티스트는 교회나 소그룹 모임을 통해 계속해서 예수님과 원초적 제자도를 재발견해나갔다. 성령의 내재를 통해서만 가능한 산상수훈의 삶은 그들 모두의 이상이었다. 그들이 좋아하는 성경 구절은 히브리서 12장 2절의 "믿음의 주요 또 온전하게 하시는 이인 예수를 바라보자"와 고린도전서 3장 11절의 "이 닦아 둔 것 외에 능히 다른 터를 닦아 둘 자가 없으니 이 터는 곧 예수 그리스도라"라는 말씀이었다. 이러한 사실은 초기 아나뱁티스트인 한스 덴크의 명확한 진술에 잘 나타난다. "매일의 삶에서 그리스도를 따르지 않는 한 그를 진정으로 안다고 할 수 없으며, 그리스도를 진정으로 알지 못하는 한 아무도 그를 따를 수 없다."[15]

아나뱁티스트는 어떻게 성장하였는가?

초기 아나뱁티스트 신자들은 밀의 독특한 변종처럼 보였다. 이 씨앗은 처음에 급속히 성장했다. 이 운동은 불과 이십 년 만에 북으로는 스칸디나비아, 남으로는 그리스까지 유럽의 전 지역으로 확산되었다. 어떤 지역에서는 아나뱁티스트가 루터교회를 능가했다.[16]

아나뱁티스트는 세례와 교회에 대한 관점 때문에 가톨릭과 개신교 지도자 모두로부터 이단으로 몰려 박해를 받았다. 백 년에 걸쳐 이어진 강력한 박해는 초기 아나뱁티스트 신자들을 분리된 공동체로 고립시키거나 신앙의 자유가 보장된 모라비아, 폴란드, 북아메리카, 우크라이나로 피신하게 했다. 안전한 곳에 모인 공동체는 마치 사백 년 동안 선반 위에 보관된 근교계inbred 씨앗 항아리와 같았다.

20세기 초, 특히 제2차 세계대전과 이어진 기간 동안 많은 변화가 일어났다. 젊은이들은 안전한 공동체를 벗어나 군인으로 전선에 뛰어들거나 사회공익요원으로 대체복무를 하거나 사회에 진출하여 새로운 직업을 가졌다. 다른 사람들은 아시아, 아프리카, 남미의 선교 현장으로 떠났다. 그들은 그곳에서 새로운 도전에 직면했으며 신앙적 관점이나 문화가 다른 사람들과 만났다. 그것은 마치 아나뱁티스트의 독특한 씨앗을 담은 항아리가 선반에서 떨어져나온 것 같았다. 항아리는 땅에 떨어졌으며, 씨앗은 세계 곳곳에 흩어졌다. 이제 그들은 싹을 틔우고 성장하여 새로운 씨앗을 생산해야 하며, 그렇지 않으면 사장되고 말 것이다. 감사하게도, 많은 씨앗이 새로운 장소에 뿌리를 내렸으며 다른 유전자와 섞여 인기 있는 혼합종으로 태어났다.

아나뱁티스트 운동에 기원을 둔 메노나이트 신자는 이러한 전통 위에서 아미쉬Amish, 후터파Hutterite, 형제단Brethren과 함께 그리스도를 믿는 형제들이다. 오늘날 이들의 숫자는 약 이백만 명을 헤아리며 전 세계 백여 개 국가에서 찾아볼 수 있다.

헤롤드 벤더Harold S. Bender는 『아나뱁티스트 비전』*Anabaptist Vision*에서 "양심의 자유, 정교분리, 종교의 자유는 민주주의에 필요한 위대한 원리로 … 궁극적으로 종교개혁 시대의 아나뱁티스트로부터 파생되었다. 그들은 이러한 원리를 처음 시작하였으며 기독교 세계가 따라오도록 도전했다"라고 주장했다.[17]

우리는 어떻게 하면 기독교 신앙을 이렇게 이해하는 제3의 방식을 통해 지속적인 교훈을 받을 수 있는가? 우리는 여기서 기독교 신앙의 어떤 특징들을 배울 수 있는가? 이러한 특징들은 중요할 뿐만 아니라 본질적이라고까지 말할 수 있는 이유는 무엇인가? 나는 이어지는 장들에서 북미적 상황과 통찰력을 통해 기독교 신앙의 독특한 열 가지 징표에 대해 살펴볼 것이다. 나는 이 신앙에 대한 여러분의 적극적인 토론과 실천을 기대한다.

토론을 위한 질문

1. 다른 전통과 경쟁하거나 적대시하지 않으면서도 아나뱁티스트 신앙을 강화하는 것이 가능한가? 여러분은 어떤 식으로 다른 교파나 신조의 사람들과 유익한 대화를 나누었는가?

2. 다음은 초기 교회와 크리스텐덤을 대조한 표다. 우리는 둘다 취할 수 있는가? 아니면 어느 하나를 선택해야만 하는가?

초기 교회의 강조점	크리스텐덤의 강조점
예수의 삶, 가르침, 죽음 및 부활	예수의 신비, 죽음 및 부활
가정에서 모임	대성당에서 모임
사역과 전도	교리와 조직
성인 세례	유아 세례
평화로운 삶	필요시 군인으로 복무

3. 작은 가정교회에서 드리는 예배와 웅장하고 화려한 대성당 예배는 어떤 차이가 있는가? 두 가지 예배적 상황의 좋은 점과 나쁜 점은 무엇인가?

4. 여러분은 아나뱁티스트가 가톨릭도 개신교도 아니라는 월터 클라센의 주장에 대해 어떻게 생각하는가?

제1부 ▶ 예수는 우리 신앙의 중심이다

Jesus Is the Center of Our Faith

제1장 · 기독교는 제자도다

또 무리에게 이르시되 아무든지 나를 따라오려거든 자기
를 부인하고 날마다 제 십자가를 지고 나를 따를 것이니
라눅 9:23

"기독교란 무엇인가"라는 질문에 대해 어떻게 대답해야 하
는가? 이것은 매우 간단한 질문처럼 보이지만 다양한 방식으
로 대답할 수 있다. 모든 기독교 전통은 예수가 중심이라는 사
실을 인정하지만, 각자 자기 방식대로 해석하는 것을 볼 수 있
다. 1장에서는 예수와 첫 번째 제자들이 기독교 신앙을 어떻게
이해했으며, 오늘날 전통들은 어떻게 이해하고 있는지 살펴볼
것이다. 우리는 먼저 예수와 초기 교회부터 시작할 것이다.

초기교회는 기독교를 어떻게 이해했는가?

첫 번째 제자들은 삼 년간 예수님과 함께 거주하며 그와
함께 먹고 함께 일했다. 그들은 예수께서 얼마나 가난한 자
를 사랑하시는지, 어떻게 병든 자를 고치시고 맹인을 보게 하

시며 소외된 자를 돌아보시고 죄인을 용서하시며 대적과 맞서 섰는지를 목도했다. 사랑과 성령으로 충만했던 사역과 이어진 예수의 죽음과 부활 및 성령을 주시기까지 제자도는 그들의 중심이 되었다.

예수를 따르는 첫 번째 사람들은 제자로 불렸다. 제자는 위대한 스승을 따르는 자를 지칭하는 말이지만 그리스도의 제자들은 단순한 예수의 문하생이 아니었다. 그들의 신조는 "예수 그리스도는 주"빌 2:11였다. 이 약속은 모든 사람이 가이사와 그의 체제에 대한 절대적 충성을 강요당했던 적대적 환경에서도 고수해야 했다.

제자들에게 궁극적 충성의 대상은 예수님이었다. 그는 하나님의 사회 질서를 시작하셨다. 이 질서와 그 속에서의 관계는 그리스도의 몸을 통해 계속해서 기능을 수행했다. 이어지는 제자들의 임무는 예수께서 시작하신 일을 계속하는 것이었다. 그들은 날마다 예수님의 성품과 사역 방식을 따랐다.

예수께 기꺼이 순종하는 삶을 사는 데에는 초자연적인 힘이 필요했다. 그것은 예수를 따르는 자들에게 "거듭남"을 요구했다.요 3:3 중생은 새로운 시작을 의미한다. 제자는 다른 주인을 따르는 행위로부터 돌아서거나 회개하고 오직 예수만을 살아계신 주로 섬기고 따라야 한다. 그들은 오순절 날 성령을 받았으며 성령은 그들에게 예수님처럼 사는 데 필요한 통찰력과 능력을 부여했다.

그리스도의 마지막 명령은 더 많은 사람을 제자로 삼으라는 것이며, 제자들은 바로 그 일을 했다. 이 첫 번째 그리스도인들은 박해를 받으면서도 로마제국 전역에 예수님과 그를 따르는 제자도를 전파했다. 초기 제자들은 예수님의 길을 걷는 삶을 살았기 때문에 "도를 따르는 사람들"로 알려졌다.

오늘날 신자들은 기독교를 어떻게 이해하는가?

다양한 전통의 신자들은 "기독교란 무엇인가"라는 질문에 대해 다음과 같은 네 가지 유형의 대답을 했다.

기독교 신앙

기독교는 교리 체계인가?

전례적 교회의 신자들은 하나님 아버지와 바른 교리를 강조한다. 그들은 신자반이나 견신례반에서 기독교 신앙의 기본적 교리를 가르치며 매주 사도신경을 외운다. "기독교는 교리에 대한 믿음"이라고 말하는 사람도 있다.

교리는 중요하며, 우리는 신조와 신앙고백을 중시하는 전례적 교회에서 교리를 습득할 수 있다. 사도 바울은 초기 그리스도인에게 "네가 만일 네 입으로 예수를 주로 시인하며 또 하나님께서 그를 죽은 자 가운데서 살리신 것을 네 마음에 믿으면 구원을 받으리라"롬 10:9라고 약속함으로써 교리의 중요성을 뒷받침한다.

기독교 신앙은 믿음believing과 소속belonging과 행실behaving의 결합체라고 할 수 있다.[18] 존 웨슬리John Wesley, 1703-1791는 이러한 기독교의 요소들에 대해 정통 신학바른 교리, 정통 체험바른 경험, 정통 행위바른 행실라고 불렀다.[19]

그리스도를 따르는 자들은 다른 요소를 제쳐두고 신앙의 한 영역가령 교리만 강조하면 균형을 잃을 수 있다. 아나뱁티스트의 신앙적 관점을 가진 자는 기독교 신앙이 교리를 포함하는 것은 맞지만 이러한 정통이나 바른 교리에 대한 강조는 기독교 신앙의 다른 요소, 특히 정통 경험이나 바른 행실과 균형을 이루어야 한다고 생각한다.

기독교는 영적 경험인가?

은사주의와 오순절교회 신자들은 성령과 특별한 영적 체험orthopathos을 강조하는 경향이 있다. 이런 신앙을 가진 그리스도인은 종종 특별한 방식의 인도하심을 받거나 질병에서 완쾌되거나 귀신에서 풀려나는 등의 초자연적 경험을 통해 믿게 되었다고 말한다. 방언이 그리스도인임을 나타내는 중요한 지표라고 주장하는 사람도 있다.

아나뱁티스트는 이러한 영적 경험은 단지 기독교 신앙의 한 부분일 뿐이라고 말할 것이다. 그들은 예수께서 이러한 초자연적 기적을 행하셨으며 초기 그리스도인들이 사도들로 말미암아 기사와 표적이 많이 나타나는 것을 목도한 사실을 알고 있다.행 2:43 그러나 아나뱁티스트 신자들은 기독교 신앙을 영적 체험만으로 묘사하거나 국한해서는 안 된다는 사실을 주지시킨다.

기독교는 용서에 대한 경험인가?

복음주의 그리스도인은 신성한 경험을 강조한다. 일부 복음전도자는 복음을 전파한 후 그리스도인이 되고 싶어 하는 자들을 불러내어 "죄인의 기도"를 시킨다. 심지어 죄를 고백하고 용서를 받은 시간과 장소를 알아야 한다고 주장하는 사람들도 있다.

아나뱁티스트 그리스도인 역시 죄의 고백과 용서는 구원에 필수적이라고 말한다. 예수님은 "회개하고 복음을 믿으라"막 1:15는 말씀으로 사역을 시작하셨다. 그러나 죄의 용서는 기독교 신앙의 전부가 아니다. 죄인의 기도는 그리스도인의 여정을 시작하며 하늘나라에 들어가기 위한 최소한의 조건이지만, 기독교 신앙은 용서 이상이다.

기독교는 제자도인가?

아나뱁티스트 신자들은 기독교가 교리와 영적 경험과 용서를 포함한다고 말한다. 그러나 날마다 예수를 따르는 삶에 특별한 강조점이 주어져야 한다고 생각한다. 그들은 "기독교는 제자도"라고까지 주장한다.

제자도는 날마다 예수를 따르는 삶을 의미한다. 그것은 예수께서 사셨던 것과 같은 삶을 요구한다. 예수님은 "너희가 내 말에 거하면 참으로 내 제자가 되고"요 8:31라고 말씀하셨다. 제자들은 예수 그리스도께서 그들을 위해 행하신, 그리고 계속해서 행하고 계신 일 때문에 그에게 기꺼이 순종한다.

일부 전통이 제자도를 무시하면서까지 교리나 바른 경험이나 용서를 강조하듯이, 아나뱁티스트는 신앙의 다른 요소들을 무시한 채 바른 실천orthopraxy만 강조할 위험이 있다. 영국의 유명한 신학자 패커J. I. Packer는 나에게 이렇게 말했다. "내가 화나는 것은 아나뱁티스트는 생각할 시간을 갖지 않는다는 것이다. 그들은 항상 행하기만 한다. 그러나 그들이 우리보다 많이 행한다는 사실은 인정하지 않을 수 없다."[20]

제자도는 믿음과 순종은 같다고 말한다. 믿음은 순종을 요구하며, 순종은 믿음을 필요로 한다. 야고보는 순종이 없는 믿음은 존재하지 않는다고 말한다. "행함이 없는 믿음은 그 자체가 죽은 것이라."약 2:17

예수님은 이렇게 말씀하셨다. "나더러 주여 주여 하는 자마다 다 천국에 들어갈 것이 아니요 다만 하늘에 계신 내 아버지의 뜻대로 행하는 자라야 들어가리라 그 날에 많은 사람이 나더러 이르되 주여 주여 우리가 주의 이름으로 선지자 노릇하며 주의 이름으로 귀신을 쫓아 내며 주의 이름으로 많은 권능을 행하지 아니하였나이까 하리니 그 때에 내가 그들에게 밝히 말하되 내가 너희를 도무지 알지 못하니 불법을 행하는 자들아 내게서 떠나가라 하리라."마 7:21-23

초기 아나뱁티스트는 어떻게 이런 신앙을 가지게 되었는가?

초기 아나뱁티스트는 성경연구와 토론 및 기도를 통해 살아계신 예수님을 재발견했다. 그들은 예수의 삶과 그의 명령과 강조점이 복음서에 명백히 기록되어 있음을 알았다. 그들은 예수님에 대한 순종의 토대를 산상수훈에 두었다. 성경은 그들에게 그가 누구시고 무슨 말씀을 하셨으며 무엇을 요구하셨는지를 상기시켰다.

"예수는 신앙의 중심"이라는 말은 아나뱁티스트 신앙의 첫 번째 핵심 가치다. 다른 전통도 예수가 중심이라고 말할 수 있지만, 아나뱁티스트 신자들은 단순한 믿음이 아니라 예수께 순종하는 삶이 되어야 한다는 사실을 강조한다. 성인 세례는 가족과 친구와 교회 공동체에 이 사람이 날마다 예수를 따르기로 했다는 사실을 공표하는 의식이다.

메노나이트 신학자이자 『소비의 윤리』More-with-Less라는 요리책의 저자로 유명한 고 도리스 롱에이커Doris Janzen Longacre의 말에는 이러한 사실이 잘 나타난다. "우리는 배경적 팩트에 대해 진술하고 함께 경험을 나눔으로써 앞으로의 결정에 대한 지침으로 삼을 준거를 도출할 수 있다. 우리는 예배와 회의에 참석하고 보다 많은 경험에 접근하며 유익한 도서를 수집할 수 있다. 그러나 책을 덮어도, 토론을 마치고 집에 돌아와도, 여전히 침묵 가운데 들려오는 음성이 있다. 그것은 그리스도인에 대한 순종으로의 부르심이다."[21]

초기 아나뱁티스트는 예수님의 말씀에 힘을 얻었다. 그는 "내 아버지께 복 받을 자들이여 나아와 창세로부터 너희를 위하여 예비된 나라를 상속받으라 내가 주릴 때에 너희가 먹을 것을 주었고 목마를 때에 마시게 하였고 나그네 되었을 때에 영접하였고 헐벗었을 때에 옷을 입혔고 병들었을 때에 돌보았고 옥에 갇혔을 때에 와서 보았느니라"마 25:34-36라고 말씀하셨다.

예수님은 기독교 신앙의 선언문이라고 할 수 있는 유명한 산상수훈을 다음과 같은 말씀으로 마치신다. "그러므로 누구든지 나의 이 말을 듣고 행하는 자는 그 집을 반석 위에 지은 지혜로운 사람 같으리니 비가 내리고 창수가 나고 바람이 불어 그 집에 부딪치되 무너지지 아니하나니 이는 주추를 반석 위에 놓은 까닭이요 나의 이 말을 듣고 행하지 아니하는 자는 그 집을 모래 위에 지은 어리석은 사람 같으리니 비가 내리고 창수가 나고 바람이 불어 그 집에 부딪치매 무너져 그 무너짐이 심하니라."마 7:24-27

우리는 제자도를 어떻게 이해하는가?

기독교의 본질이 제자도나 날마다 예수를 따르는 삶이라면 그것이 의미하는 바를 명확히 이해하는 것이 중요할 것이다. 아나뱁티스트 계통의 그리스도인은 사람이 책임을 질 수 있는 나이, 즉 자신의 결정에 대한 책임을 질 나이가 되면 다른 충성을 버리고 예수 그리스도를 따르는 삶을 선택하는 결정 또는 일련의 결정들을 해야 한다고 믿는다. 성경학자인 미쉘 허시버거Michele Hershverger교수는 『하나님의 이야기, 우리의 이야기』에서 "예수와 구원에 대한 지식만으로는 충분하지 않다"고 주장한다. "우리는 이 이야기에서 모든 것의 의미와 그것들이 어떻게 들어맞는지를 설명하는 것으로 충분하지 않다. 이 모든 것을 알게 된 당신은 선택해야 한다. 예수를 따를 것인가? 그에게 '네'라고 대답할 것인가?"[22]

이 결정은 개인적으로, 그리고 새로운 집단 안에서의 새 출발을 의미한다. 예수님이 "거듭나야 하겠다"요 3:7고 말씀하신 것은 단순한 "구원" 이상의 것에 대한 언급이다. 구원을 받는다는 것은 나쁜 습관에서, 또는 마지막 날 지옥에 가는 것에서 건짐을 받는다는 뜻으로 사용되지만 거듭남은 새로운 방식의 삶을 시작한다는 의미다. 거듭남은 사고방식과 태도와 행위의 변화를 통해 새로운 시작을 할 수 있게 한다.

독일어를 모국어로 사용하는 나의 아버지는 기독교를 "예수를 따름"nachfolge Christi이라는 의미로 이해했다. 그는 세례를 받을 때 "당신은 구원 받았습니까?"라는 질문을 받고 당황했다. 아버지의 대답은 "나는 예수님을 따르는 자입니다"라는 것이었다. 아버지는 그 신앙고백으로 세례를 받았다.

목회상담학 교수인 데이비드 아우구스부르거David Augsburger는 1525년에 시작된 아나뱁티스트는 그때부터 지금까지 꿈을 좇고 있다고 주장한다. 이 꿈은 다음과 같다.

- 예수 그리스도를 날마다, 근본적으로, 전적으로 따르는 삶은 합당한 일이다.
- 산상수훈과 신약성경 전체를 문자적으로, 정직하게, 희생적으로 순종하는 것은 실제다.
- 인류의 갈등과 전쟁에서 전적으로 무저항적인 화해과 사랑을 추구하는 것은 가능한 일이다.
- 예수를 모든 국가주의, 민족주의, 물질주의를 능가하는 주로 고백하는 것은 가능하다.
- 자발적으로 훈련을 받고 그리스도 안에서 상호 헌신하기로 약속한 형제자매들로 구성된 교회 공동체 건설은 실현 가능한 일이다.
- 생활방식과 소유와 사역에서 예수님의 방식을 따르는 단순한 삶은 얼마든지 가능하다.[23]

아나뱁티스트 기독교가 주장하는 핵심은 무엇인가?

"기독교는 제자도다"라는 개념에 대한 이해는 아나뱁티스트의 기독교를 이해하는 데 매우 중요하다. 이 개념은 우리가 예수께서 주후 30년부터 시작하신 일을 이어받아 그 일을 날마다 계속한다는 의미다.

제자도는 예수 그리스도와의 활발한 관계를 통해 변화를 받은 결과다. 그것은 기독교 신앙에 대한 놀라운 관점이자 그리스도인의 마땅한 삶이다.

전 세계 아나뱁티스트 교회 모임인 메노나이트 세계 협회 사무총장인 가르시아Cesar Garcia는 "우리는 다른 그리스도인과 함께 할 수 있는가"라고 묻는다. "물론이다 … 그러나 그것은 우리가 지적으로 고백해야 하는 일련의 이론적 교리를 공유하기 때문이 아니라, 16세기의 선조들처럼 그리스도와 동행한 결과로 얻은 확신과 관계를 공유하기 때문이다."[24]

"기독교란 무엇인가"라는 질문에 대해 여러 가지 관점에서 대답할 수 있듯이, "우리는 성경을 어떻게 해석하는가"라는 질문에 대한 대답도 다양하다. 다음 장에서는 성경 해석의 다양한 방식에 대해 살펴볼 것이다.

토론을 위한 질문

1. "기독교란 무엇인가"라는 질문에 대한 여러분의 대답은 무엇인가?

2. 기독교 신앙 안에서 찾아볼 수 있는 대조적인 관점에 대해 살펴보라.

다른 신자들의 강조점	아나뱁티스트 신자들의 강조점
기독교는 교리다.	교리도 중요하지만, 최우선은 아니다.
기독교는 영적 경험이다.	영적 경험도 중요하지만, 최우선은 아니다.
기독교는 용서다.	용서도 중요하지만, 최우선은 아니다.
기독교는 영원한 구원이다.	기독교는 날마다 예수를 따르는 것이다.

3. "기독교는 제자도"라는 주장은 실제적으로 어떤 차이가 있는가?

4. "주 예수를 믿으라 그리하면 너와 네 집이 구원을 받으리라"^{행 16:31}라는 바울과 실라의 진술은 어떤 면에서 "날마다 예수를 따르라"는 말과 같은가?

제2장 • 성경은 예수를 통해 해석된다

옛적에 선지자들을 통하여 여러 부분과 여러 모양으로
우리 조상들에게 말씀하신 하나님이 이 모든 날 마지막
에는 아들을 통하여 우리에게 말씀하셨으니 히 1:1-2

우리는 성경을 어떻게 해석하는가? 다양한 해석은 신자들
간의 오해와 분열의 근원이 되기도 한다. 아나뱁티스트 메노
나이트 성경신학교 교장인 사라 쉥크Sara Wenger Shenk는 "성경은
오늘날 문화 전쟁이 벌어지고 있는 전장이 되고 말았다"고 탄
식한다. "교회가 분열된 것은 성경에 대한 해석방식이 잘못되
었기 때문이다."[25]

나는 2장에서 성경을 해석하는 네 가지 접근 방식에 대해
설명할 것이다. 이어서 아나뱁티스트 신자들은 어떻게 대부분
그리스도인과 다른 방식으로 성경을 이해하고 순종하게 되었
는지 살펴볼 것이다.

성경은 어떻게 주어졌는가?

모세부터 약 천오백 년에 걸쳐 40명 이상의 저자들이 성령의 인도하심을 받아 66권의 성경을 기록했다. 신약성경은 그리스도 탄생 후 오십 년 또는 백 년 이상이 지난 시점에 처음 기록되었다. 초기 그리스도인은 구약성경적 배경을 가지고 있지만, 기본적으로 그들과 사도들이 예수님의 말씀과 사역에 대해 가지고 있는 기억에 의존하여 전파했다. 시간이 지나자 기독교 지도자들은 현재와 같은 모습의 성경을 채택하여 다양한 해석방식을 발전시켰다. 예를 들면, 어거스틴은 네 가지 유형의 복잡한 성경 해석 방법을 발전시켰다. 그는 성경의 모든 본문은 다음과 같은 네 가지 의미가 있다고 주장한다.

1. 문자적 의미: 본문은 과거에 대해 무엇이라고 말씀하는가?
2. 알레고리적 의미: 본문은 그리스도에 대해 무엇이라고 말씀하는가?
3. 도덕적 의미: 본문은 우리의 삶에 대해 무엇이라고 말씀하는가?
4. 예언적 의미: 본문은 인간의 궁극적 운명에 대해 무엇이라고 말씀하는가?

이러한 네 가지 영역을 고려해야 하는 성경 해석은 어려운 작업이기 때문에 천 년 이상 성경 연구는 주로 전통적 방식의 해석을 따르는 박식한 수도승과 학자들의 몫으로 남았다. 따라서 16세기 종교개혁 기간 동안 마틴 루터와 학자들은 성경을 대중적 언어로 번역했다. 1516년과 1550년 사이에 유럽에서는 거의 서른 개 가까운 성경 번역본이 나왔다.[26] 인쇄기의 발명과 함께 평신도도 쉽게 성경에 접근할 수 있게 되었으며, 열정적인 독자는 번역본이 나오자마자 구입했다.

루터는 "오직 성경"Sola Scriptura을 외쳤다. 그는 오직 성경만이 신앙과 삶을 결정해야 한다고 주장했으나, 전통적 성경 해석 방식을 고수함으로써 신앙적 사상에 완전한 자유를 부여하지 않았다.

초기 아나뱁티스트 신자들은 다른 그리스도인들과 마찬가지로 성경은 "하나님의 감동으로 된 것으로 교훈과 책망과 바르게 함과 의로 교육하기에 유익"딤후 3:16하다고 믿었다. 그들은 다른 개혁자들과 성경을 해석하는 방식에 대해 열띤 논쟁을 벌였다.

최근에는 종교개혁 시대와 마찬가지로 많은 번역본과 새로운 정보가 넘쳐나고 있다. 성경에 대한 접근이 이처럼 용이한 오늘날, 성경 해석을 위한 네 가지 접근 방식이 유행하고 있다. (1) 평면적, 문자적 해석, (2) 세대주의적 해석, (3) 그리스도 중심의 영적 해석, (4) 그리스도 중심의 윤리적 해석. 다음은 이러한 해석방식들에 대한 간략한 설명이다.

평면적 접근이란 무엇인가?

많은 그리스도인은 성경의 모든 말씀이 가치와 권위에 있어서 동등하다고 믿는다. 그들은 성경이 평면적이며, 따라서 신약과 구약은 아무런 차이가 없다고 주장한다. 예를 들면, 신명기에 기록된 모세의 글은 예수님의 산상수훈과 동등한 권위

평면적 성경 접근

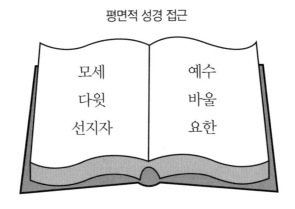

모세
다윗
선지자

예수
바울
요한

와 가치를 가진다는 것이다. 이러한 관점의 해석은 "평면적 성경" 접근 방식이라고 불린다.

평면적 성경 관점을 가진 그리스도인은 매우 문자적인 해석을 한다. 그들은 "우리는 단지 말씀을 읽고 행하기만 하면 된다"고 주장한다. 그러나 그들은 성경이 말하는 모든 것을 행할 수 없기에 선택적으로 가르치고 행한다. 게다가 모든 사람

은 배경과 상황에 의해 형성된 개인적 통찰력에 기초하여 성경을 해석할 수밖에 없다.

평면적 성경 해석이 전쟁이나 사형제도나 성도착자와 같은 사회적 이슈를 만나면, 구약의 텍스트가 신약성경에 나타난 예수의 가르침과 다를지라도, 구약성경을 신앙과 행위의 기초로 삼는 경우가 종종 있다. 그러나 개인적 윤리 문제에 직면하면 주로 서신서로 향하며, 복음서는 무시된다.

우리는 성경을 읽을 때, 성경에 기록된 대부분 말씀은 규범적prescriptive이 아니라 기술적descriptive이라는 사실을 알아야 한다. 다시 말하면, 성경은 오늘날 우리가 행하여야 할 규범을 기록한 것이라기보다 동시대 사람들이 무슨 생각과 행위를 했는지에 관한 기술이라는 것이다. 이런 이유로, 우리는 무조건 "성경을 읽고 행하기만 하면" 되는 것이 아니다.

초기 아나뱁티스트 신자들은 설교와 교육을 위해 지도자가 기록된 성경을 연구하는 것만으로는 충분치 않다고 생각했다. 그들에게는 '말씀'과 '성령'이 필요했다. 문자적 말씀을 성령보다 우선하거나 성령을 기록된 말씀보다 앞세울 경우, 문제가 생겼다. 아놀드 스나이더C. Arnold Snyder는 "아나뱁티스트는 '성경과 성령을 함께' 가르쳤다"고 말한다.[27] 이것은 루터의 "오직 성경"과 대조를 이루었다. 다소 거칠고 단호한 주장도 제기되었다. "여러분에게 말씀만 있으면 말라버릴 것이다. 여러분에게 성령만 있으면 폭발해버릴 것이다. 그러나 여러분이 말씀과 성령, 둘 다 가지면 온전히 성장할 것이다."[28]

이런 이유로 아나뱁티스트 신자들은 평면적 성경 접근법이 최상의 해석 방법이라고 생각하지 않는다.

세대주의적 접근이란 무엇인가?

세대주의적 접근은 1800년경 플리머스 형제단의 지도자인 존 다비John Darby가 처음 주장한 성경 해석방식이다. 이 접근법을 따르는 자들은 하나님이 다양한 세대, 또는 역사의 시기마다 다른 뜻을 가지고 계셨다고 믿는다. 따라서 성경과 하나님의 뜻은 시대에 따라 해석되어야 한다는 것이다.

그림에서 볼 수 있듯이, 네 가지또는 그 이상의 성경 세대는 족장에 대한 약속, 모세 율법 시대, 교회 시대, 예수께서 다시 와서 지상을 다스릴 최후의 천년왕국 시대를 포함한다.

세대주의적 성경 접근

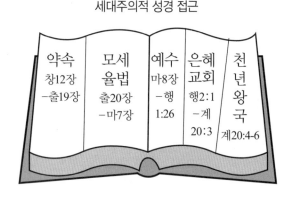

세대주의는 예수님과 교회보다 옛 언약과 이스라엘 백성을 무대 중심에 둔다. 그것은 예언을 바른 삶보다 중시한다는 것이다. 그 결과 많은 복음주의 및 시온주의 그리스도인들은 성경의 정의보다 예언을 더 강조한다. 이런 경향은 특히 이스라엘과 팔레스타인 점령에 대한 태도에서 잘 드러난다.

더욱 유감스러운 것은 세대주의적 접근에서 산상수훈에 나타난 예수의 가르침은 예수님이 이 땅에 계셨던 기간과 다시 오실 때만 적용된다는 주장이다. 그들의 주장에 따르면, 오늘날 그리스도인은 산상수훈에 따라 살 필요가 없다.

이런 이유로 아나뱁티스트 신자들은 세대주의적 접근이 성경 해석을 위한 최상의 방법이라고 생각하지 않는다.

그리스도 중심의 영적 접근이란 무엇인가?

대부분 그리스도인은 성경에 대한 그리스도 중심적 접근을 한다고 말하지만 예수에 대한 영적 해석을 하는 경우가 많다. 예수에 대한 그들의 이해는 주로 십자가 위의 희생적 죽음에 국한된다. 이 접근 방식은 예수께서 세상 죄를 위해 최후의 제물로 돌아가실 때를 내다본다고 생각되는 구약성경과 그 사건을 회고하는 신약성경에 가장 큰 강조점을 둔다.

이처럼 편협한 영적 접근은 구약성경을 원래적 저자의 의도와 다르게 해석할 소지가 있다. 더욱 심각한 것은, 예수의

희생적 죽음에 전적인 초점을 맞춘 나머지 그의 삶이나 대의야
말로 예수의 죽음으로 인도하는 핵심 요소라는 사실을 깨닫지
못한다는 사실이다. 그리스도 중심의 영적 해석을 고수하는
자들은 일반적으로 예수의 삶과 가르침보다 구약성경이나 바
울 서신을 가르치고 설교한다.

그리스도 중심의 영적인 접근

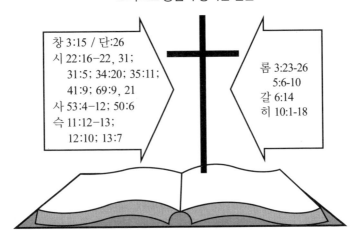

창 3:15 / 단:26
시 22:16-22, 31;
    31:5; 34:20; 35:11;
    41:9; 69:9, 21
사 53:4-12; 50:6
슥 11:12-13;
    12:10; 13:7

롬 3:23-26
    5:6-10
갈 6:14
히 10:1-18

아나뱁티스트 그리스도인은 그리스도의 죽음이 가지는 결
정적 중요성을 인정하지만, 그리스도 중심의 영적 해석이 성경
해석을 위한 최상의 방법이라고 생각하지 않는다. 이 방식은
기독교 신앙의 본질이 예수 중심 공동체에서 살아계신 예수를
따르는 삶에 있다는 사실을 강조하지 않는다.

그리스도 중심의 윤리적 접근이란 무엇인가?

그리스도 중심의 윤리적 해석이라는 네 번째 접근 방식은 예수가 하나님 및 하나님의 뜻의 완전한 계시이기 때문에 성경 해석의 중심이 되어야 한다고 주장한다. 모든 성경은 예수의 눈과 본성을 통해 해석되어야 한다. 더 미팅 하우스The Meeting House의 교육 목사인 브룩시 카베이Bruxy Cavey는 "성경의 중심은 예수"라고 주장한다. "예수님은 우리 존재의 중심이다. 예수님을 최대한 알기 위해서는 산상수훈이 놀라운 출발점이 된다."[29]

피터 켈러Peter Kehler는 "만일 모든 성경이 하는 일이 나를 예수 그리스도께로 인도하는 일이라면, 그것으로 충분하다"고 주장한다. 그는 계속해서 "성경은 더 많은 일을 하지만, 가장 중요한 기여는 우리를 우리의 구주이자 안내자이신 예수 그리스도께로 인도한다는 것이다."[30]

예수께 이처럼 특별한 지위가 주어진 이유는 무엇인가? 아브라함과 모세와 다윗과 선지자들은 점차 하나님과 그의 뜻에 대한 이해도를 높였다. 그들은 상호 통찰력에 기반하여 자신이 받은 부가적 계시를 축적했다. 이런 과정을 거치는 가운데, 하나님의 본성과 그의 뜻은 예수 그리스도에 이르러 가장 명확해졌다. 히브리서에는 이러한 사실이 간략히 제시된다. "옛적에 선지자들을 통하여 여러 부분과 여러 모양으로 우리 조상들에게 말씀하신 하나님이 이 모든 날 마지막에는 아들을 통하여 우리에게 말씀하셨으니 이 아들을 만유의 상속자로 세우시고 또 그로 말미암아 모든 세계를 지으셨느니라 이는 하나님의 영광의 광채시요 그 본체의 형상이시라 그의 능력의 말씀으로 만물을 붙드시며 죄를 정결하게 하는 일을 하시고 높은 곳에 계신 지극히 크신 이의 우편에 앉으셨느니라."히 1:1-3

그리스도 중심의 윤리적 접근

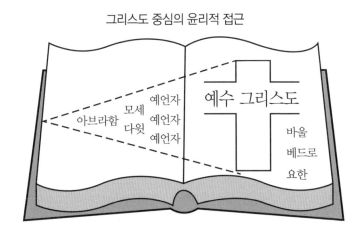

예수의 가르침은 성경의 이전 가르침을 성취하며, 때로는 그것을 능가한다. 미국 메노나이트 교단의 어빈 스투즈만 사무총장은 "예수님은 그것[구약성경]을 자신의 시대에 맞추어 해석하셨다"고 주장한다. "예수님은 구약성경을 인용하여 '~ 하였다는 것을 너희가 들었으나' 라고 말씀하신 후 '나는 너희에게 이르노니' 라는 말씀에 이어 오늘날 주시는 하나님의 더 나은 대안을 들려주신다. 그는 '모세보다 큰 자가 여기 있다'는 말씀으로 성경을 재해석할 수 있는 권위를 주장하셨다."[31]

하나님은 매일의 경험을 통해, 그리고 날마다 예수를 따르며 성령의 교통 가운데 있는 형제자매들을 통해, 계속해서 자신을 계시하신다. 존 파웰John Powell목사는 "인간에 대한 하나님의 계시는 계속되고 있다"고 주장한다. "각각의 경험은 우리를 하나님의 권세와 위대하심에 대한 통찰력으로 인도한다."[32]

성경이 특정 사안에 대해 무엇이라고 말씀하는지 알고 싶을 때, 우리는 먼저 예수님의 말씀과 그가 보여주신 모범 및 그의 마음을 들여다본다. 더욱 깊은 통찰력과 배경적 지식을 위해 다른 성경을 참조할 수도 있지만, 가장 중요한 지침은 예수님으로부터 온다. 폭력에 대해 묘사한 구약성경처럼 어려운 본문을 만날 때, 우리는 "예수님은 무엇이라고 말씀하실 것인가", "예수님은 이 상황을 어떻게 다루실 것인가"라는 관점에서 예수의 마음과 성품을 통해 해석한다. 성경학자인 마리온 본트래거Marion Bontrager교수는 "두 성경이 일치하지 않을 경우, 예수께 심판을 맡겨야 한다"고 조언한다.[33]

아나뱁티스트의 성경 해석은 그리스도의 삶과 사역의 영적인 면과 윤리적인 면을 동시에 고려한다. 우리는 하나님과 그의 뜻이 예수 그리스도를 통해 가장 분명하게 계시된다고 믿는다. 따라서 우리의 윤리는 주로 십계명과 서신서보다 그리스도로부터 온다.

성경적 해석은 중요한가?

고인이 된 형과 나의 사례는 성경 해석상의 차이가 얼마나 사물을 다르게 보고 갈등을 야기할 수 있는지를 잘 보여준다. 우리는 같은 학교, 같은 교회, 같은 공동체에서 자랐다. 우리는 마치 쌍둥이 같았다. 고등학교를 졸업한 형은 신학교를 갔으며, 그곳에서 문자적 해석, 세대주의적 해석 및 그리스도 중심의 영적 해석을 배웠다. 나는 그리스도 중심의 윤리적 해석을 가르치는 학교를 갔다.

형과 나는 광범위한 영역에서 매우 다른 가치관을 갖게 되었다. 이혼, 총기 규제, 이민 문제, 이라크 전쟁과 같은 민감한 현안이 발생하면 형은 자신의 생각을 뒷받침하는 구약성경을 찾았다. 나는 바른 통찰력을 위해 먼저 예수의 삶과 가르침, 그리고 그의 마음을 들여다보았다. 가령 사형제도와 같은 이슈가 제기될 때, 형은 "그러나 다른 해가 있으면 갚되 생명은 생명으로, 눈은 눈으로, 이는 이로, 손은 손으로, 발은 발로"출 21:23-24라는 구약성경에 의존했다. 반면에 나는 예수께서 자기에게 해를 끼친 자를 용서한 사실을 예로 들며 "예수님이 저 사람은 죽어 마땅하다고 할 만큼 악한 사람이 있겠는가"라고 물었다.

형은 성경을 세대주의적 관점에서 해석하기 때문에 이스라엘과 팔레스타인을 향한 하나님의 뜻에 대해서도 생각이 달랐다. 형은 예수님이 재림하시기 전에 이스라엘이 회복될 것이라고 말하는 것처럼 보이는 예언에 시간과 열정을 쏟았다. 그러나 나는 그리스도의 초림과, 그가 팔레스타인처럼 불쌍한 사람들에 대한 긍휼과 정의에 대해 무엇이라고 말씀하셨는지에 모든 초점을 맞추었다.

다행히 형과 나는 상대의 성경 해석방식에 대한 깊은 의구심에도 불구하고 서로를 사랑하는 마음에는 변함이 없었다. 우리는 의견이 달라도 마음으로 이야기할 수 있다는 사실을 배웠다. 많은 사람은 이 부분에서 실패했다.

아나뱁티스트 메노나이트 신학교에서 신학과 윤리학을 가르치는 가일 쿤츠Gayle Gerber Koontz 교수는 그리스도 중심적 해석은 원수를 진멸하는 구약성경으로부터 원수를 사랑하라는 복음서의 명령으로 옮겨가게 한다고 주장한다. 또한 이 접근은 "여자를 소유물로 보는 관점에서 … 그리스도인 남편과 아내 사이의 상호 복종의 윤리"로 옮기게 한다.[34]

성경의 권위에 대해서는 어떻게 생각하는가?

성경의 영감과 신뢰성도 중요하지만, 권위에 관한 문제는 더 중요하다. 권위가 있는 자는 명령할 권세를 가진다. 성경은

우리가 그 명령, 특히 예수님의 말씀을 지킬 때 권위를 가진
다.

예수님은 "하늘과 땅의 모든 권세를 내게 주셨으니"마
28:18라는 말씀으로 공생애 사역을 마치신다. 우리는 예수님을
우리의 주로 인식하고 그의 명령에 응답함으로써 그의 권세를
인정하게 된다. 우리는 모든 성경의 권위를 인정하지만, 예수
님의 말씀과 마음과 성품을 통해 성경을 해석하고 순종한다.

그리스도 중심의 윤리적 성경 해석은 예수를 주로 인정
하는 또 하나의 방식이다. 형제단 세계선교협회Brethren in Christ
Board for World Missions 총재를 지낸 그레이스 홀랜드Grace Holland
는 "그리스도는 언제나 교회를 돌보시는 교회의 머리시다"라
고 말한다. "그는 성경을 우리 시대에 적용할 수 있는 통찰력
으로 인도해주실 것이다."35

미쉘 허시버거Michele Hershverger교수는 성경 해석에 대한 우
리의 통찰력을 구원과 윤리를 넘어서는 단계로 끌어올린다.
"성경은 선교적 관점에서 해석되어야 한다. 하나님은 언제나
선교적이시다. 성경은 하나님이 영원히 다가가시는 사역에 관
한 이야기다."36 이러한 사실은 예수 그리스도를 통해 명확히
제시된다.

아나뱁티스트 기독교가 주장하는 핵심은 무엇인가?

아나뱁티스트는 성경의 권위를 존중하며, 특히 예수께 초점을 맞춘다. 예수님은 성경 이상으로 우리의 최종적 권위가 되신다. 작가인 셰인 클레어본Shane Claiborne은 "우리는 하나님의 정확무오한 말씀을 믿는다. 그의 이름은 예수다"라는 말로 이러한 사실을 뒷받침한다.[37]

아나뱁티스트는 성경의 영감과 신뢰성을 믿지만, 엄격한 문자주의자는 아니다.[38] 기록된 말씀은 진지하게 대해야 하지만, 모든 성경은 우리의 주이신 예수의 관점을 통해 해석되어야 한다. 예수의 마음과 윤리를 포함한 관점에서 성경을 해석하는 것이 중요하다. 우리는 기록된 말씀과 예수의 마음이 창조적 긴장 관계에 있다고 믿는다. 이것은 성경을 평면적, 세대주의적, 영적 관점에서 해석하는 신자들과 대조를 이룬다.

우리는 왜 예수께서 성경 이상으로 우리의 궁극적 권위가 되신다고 주장하는가? 다음 장은 "예수는 주"라는 말의 의미를 이해하는 데 도움이 될 것이다.

토론을 위한 질문

1. 여러분은 네 가지 접근 방식 즉, 평면적 성경 해석, 세대주의적 해석, 그리스도 중심의 영적 해석이나 윤리적 해석 가운데 어떤 방식을 사용했는가?

2. 여러분의 가정이나 교회에서 해석 방법상의 차이로 의견을 달리한 사례가 있는가?

3. 기독교 신앙 안에서 볼 수 있는 성경 해석에 관한 대조적인 관점에 대해 살펴보라.

다른 신자들의 강조점	아나뱁티스트 신자들의 강조점
예수보다 성경이 최종적 권위를 가진다.	성경보다 예수가 최종적 권위를 가진다.
모든 성경은 영감되었으며 동등한 권위를 가진다.	모든 성경은 영감되었으나 동일한 권위를 가지는 것은 아니다.
구약성경은 사회 윤리에 관한 하나님의 뜻을 계시하는 반면, 신약성경은 개인적 윤리의 지침이 된다.	하나님과 그의 뜻의 완전한 계시인 예수는 개인적 윤리와 사회적 윤리의 준거가 된다.
모든 적용이 예수의 가르침과 반드시 일치해야 하는 것은 아니다.	모든 적용은 반드시 예수의 가르침과 일치해야 한다.

4. 기록된 말씀과 예수의 관점은 긴장 관계에 놓일 수밖에 없

다는 말의 의미는 무엇인가?

5. 우리는 모세가 신명기 22장 22절에 간음에 대해 언급한 내용과 요한복음 8:1-11에서 예수께서 하신 말씀의 차이를 어떻게 조화시켜야 하는가?

제3장 • 예수는 주시다

> 이러므로 하나님이 그를 지극히 높여 모든 이름 위에 뛰
> 어난 이름을 주사 하늘에 있는 자들과 땅에 있는 자들과
> 땅 아래에 있는 자들로 모든 무릎을 예수의 이름에 꿇게
> 하시고 모든 입으로 예수 그리스도를 주라 시인하여 하
> 나님 아버지께 영광을 돌리게 하셨느니라 빌 2:9-11

초기 그리스도인은 예수님에 대해 점차 깊이 이해했다. 처음에 그들은 예수님을 랍비나 선생으로 여겼다. 그들은 예수님이 특별한 권위를 가진 선생일 것이라고 생각했다. 성경은 예수께서 산상수훈을 베푸실 때 "무리들이 그의 가르치심에 놀라니 이는 그 가르치시는 것이 권위 있는 자와 같고 그들의 서기관들과 같지 아니함일러라" 마 7:28-29고 말씀한다. 예수께서 십자가에서 돌아가시자 백부장과 그와 함께 있던 자들은 "이는 진실로 하나님의 아들이었도다" 마 27:54라고 외쳤다.

제자들은 예수와 함께 다니면서 그가 죄를 사하시고 귀신을 쫓아내시며 광풍을 잠잠하게 하시고 성전에서 돈 바꾸는

자들을 내쫓으실 권세를 가진 분이심을 보았다.^{막 2:10; 3:15;} 막 2:10; 3:15; 4:39; 11:15-16 예수님은 사역 말미에 "하늘과 땅의 모든 권세를 내게 주셨으니"라고 말씀하신 후 그러한 권세로 제자들에게 "그러므로 너희는 가서 모든 민족을 제자로 삼아"^{마 28:18-19}라고 명령하셨다.

사람들은 예수님이 권위가 있을 뿐만 아니라 그들을 섬기는 자로 오셨기 때문에 그에게로 다가갔다. 세상 사람들은 가이사를 주로 받아들이고 그에게 모든 충성을 바치지만, 사도들은 목숨을 걸고 "예수는 주"라고 외쳤다. 예수는 그들을 섬기는 지도자였다.

주 되심Lordship을 어떻게 이해하는가?

예수님은 "이방인의 집권자들이 그들을 임의로 주관하고 그 고관들이 그들에게 권세를 부리는 줄을 너희가 알거니와 너희 중에는 그렇지 않아야 하나니 너희 중에 누구든지 크고자 하는 자는 너희를 섬기는 자가 되고 너희 중에 누구든지 으뜸이 되고자 하는 자는 너희의 종이 되어야 하리라 인자가 온 것은 섬김을 받으려 함이 아니라 도리어 섬기려 하고 자기 목숨을 많은 사람의 대속물로 주려 함이니라"^{마 20:25-28}라는 중요한 말씀을 하셨다.

그러나 이어지는 수 세기 동안 교회 지도자들은 예수님의 말씀을 따르지 않았다. 그들은 세상 집권자들처럼 서로 "임의로 주관"하려고 했다. 교회의 권력층은 "교황은 주"라고 말할 만큼 점차 지배적이 되었다.

마틴 루터는 신성로마제국의 독재적 권력을 거부하는 대신, 두 왕국 신학two-kingdom theology을 제시했다. 이 신학은 신자에게 개인적 삶에서는 예수를 주로 받아들이고 충성하되 공적인 삶에서는 하나님이 세우신 세속적 권력에 충성할 것을 요구한다.

아나뱁티스트의 관점은 다르다. 그들은 언제 어디서나 예수의 제자들은 예수 그리스도로 알려진 하나님께 절대적 충성을 해야 한다고 믿는다. 그들은 언제나 자신의 행위에 대한 책임을 져야 한다. 그리스도를 따르는 자들은 일차적으로 하나님 나라의 시민이며, 따라서 그 나라에 궁극적인 충성을 바쳐야 한다. 그러나 한편으로 그들은 세속적 정부의 시민이기도 하며, 따라서 세상 나라도 존중해야 하지만 전적인 순종을 해야 하는 것은 아니다. 예수님은 제자들에게 "너희는 먼저 그의 나라와 그의 의를 구하라"마 6:33고 말씀하셨다. 우리는 예수와 그의 나라에 전적인 충성을 하지 못할 때 용서를 구해야 한다.

예수님은 우리가 날마다 그를 따를 때 주가 되신다. 우리는 그의 모범과 성령의 내재하심을 통해 예수님처럼 생각하고 느끼며 행동할 수 있다. 사도 베드로는 "이를 위하여 너희가 부르심을 받았으니 그리스도도 너희를 위하여 고난을 받으사 너희에게 본을 끼쳐 그 자취를 따라오게 하려 하셨느니라"벧전 2:21고 기록한다. 그리스도의 자취를 따라가는 것이야말로 모든 그리스도인의 목표가 되어야 한다.

예수는 구주이며 주이신가?

예수의 제자라고 주장하는 신자 가운데 많은 사람은 온전한 복종을 하지 않는다. "나는 예수님을 구주로 영접했다"고 말하는 사람들 가운데 자신이 고백한 죄는 물론 여전히 예전과 같은 생활을 하는 사람도 많이 있다. 세례나 견진성사 후에도 여전히 다른 사람이나 다른 무엇이 그들의 삶을 지배하고 있는 것이다. 그들에게 예수를 구주로 받아들인다는 것은 하나님께 자신이 범한 죄와 잘못된 행실과 습관에 대한 용서를 구한다는 의미다. 그들은 예수의 주 되심은 대충 얼버무린 채 "예수는 나의 구주"라고 고백한다.

"예수는 나의 구주시며 주"라는 고백 대신, 주 되심을 앞세워 "예수는 나의 주시며 구주"라고 고백해야 할 것이다. 아나뱁티스트의 관점에서 핵심은 주 되심이다. 그들은 예수님이 주가 되신다는 사실을 우선한다. 용서와 구원이 필요한 가장 큰 죄는 다른 주들을 따른 것이다. 우리가 죄를 범하는 것은 다른 주들과 그들에 대한 충성 때문이다. 십계명의 첫 번째는 "너는 나 외에는 다른 신들을 네게 두지 말라"출 20:3는 계명이다. 이스라엘이 범한 가장 큰 죄는 하나님께 전적이고 궁극적인 충성을 다하지 않았다는 것이다. 그들은 우상을 섬기고 이방 신들을 따랐다. 오늘날에도 그와 동일한 경향을 찾아볼 수 있다.

우리의 삶을 주관하는 궁극적인 권위는 누구에게 있는가?

이 세상에는 궁극적인 권위를 주장하는 세 가지 세력이 있다고 말한다. 다음 표에서 볼 수 있듯이, 세 가지 세력은 자기 자신, 세속 지도자, 그리고 예수 그리스도를 통해 계시된 하나님이시다. 우리는 순서대로 살펴볼 것이다.

궁극적 권위를 주장하는 세력

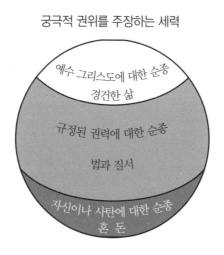

궁극적 권위로서 자신

개인과 제도는 선한 목적으로 창조되었으나 그들은 이기적인 성향이 있으며, 따라서 "타락했다". 타락한 그들은 섬기기보다 이기적으로 지배하고 주관하려 했다.

창세기에 따르면, 아담과 하와는 사탄에게 유혹되어 자신들도 하나님처럼 될 수 있으며 선악을 구별할 수 있을 것으로 믿었다. 그것은 사실이 아니다. 예수님은 사탄을 "거짓의 아비"라고 지칭하셨다. 요 8:44 사탄의 근본적인 거짓말은 생명이 빛을 발하는 것은 개인과 조직이 무엇이든 마음대로 할 수 있을 때라는 것이다. 진실을 말하면, 이런 삶은 절망과 혼란과 죽음으로 인도한다.

사탄은 종종 여기저기 돌아다니며 우리의 삶과 가정과 사회를 파괴하는 악한 존재로 알려진다. 사탄은 우리가 더 높은 권위를 인정하지 않고 마음대로 사는 것이 최상의 삶이라고 주장한다. 그러나 우리의 삶과 가정과 사회를 망치는 것은 바로 이러한 이기적 철학이다.

신학자인 월터 윙크Walter Wink는 『권력 당국』*The Powers That Be*에서 "이러한 이기적 지배 시스템은 부당한 경제적 관계, 압제적인 정치적 관계, 편향된 인종적 관계, 가부장적 남녀 관계, 계급적 권력관계, 그리고 이 모든 관계를 유지하기 위한 폭력의 사용으로 이어진다"[39]라고 주장한다. 이러한 시스템은 사도바울의 언급에 잘 나타난다. "우리의 씨름은 혈과 육을 상대하는 것이 아니요 통치자들과 권세들과 이 어둠의 세상 주관자들과 하늘에 있는 악의 영들을 상대함이라."엡 6:12 신자가 예수의 영으로 충만하여 공동체를 통해 그리스도와 같은 삶을 산다면 이 세상 권세들 및 악한 영들과 맞서 싸워 이기며 새로운 삶을 살 수 있다는 사실은 고무적이다.

궁극적 권위로서 세속적 권세

하나님이 최우선적으로 원하시는 것은 모든 백성이 하나님의 통치에 따르며 그의 도덕법과 원리에 따라 사는 것이다. 우리는 먼저 그의 나라를 구해야 한다. 그러나 그것은 자동적으로나 일반적으로 일어나는 것이 아니다. 개인과 조직은 자신의 필요나 욕심에 따라 살려는 경향이 있다. 이런 이유로 하나님은 세상 지도자들을 세워 하나님의 지배를 받지 않는 자들을 다스리신다. 세움을 받은 세속적 권세자들은 타락한 세상에서 법과 질서를 세워 나간다.

사람들은 자신이 알고 있는 가장 고상한 법과 권위에 순종해야 한다. 그렇게 하지 않으면, 혼란이 초래될 수밖에 없다. 대부분 사람에게 최고의 권위는 가족, 고용주, 공동체나 종교 지도자, 사령관, 수상이나 대통령이다. 아나뱁티스트 신자들은 기독교 제자도가 허용하는 범위 내에서 이들에게 순종한다.[40] 통치자들에 대한 순종은 법과 질서의 사회를 형성한다.

성경은 우리에게 하나님이 세우신 권세들에게 복종하라고 명령한다. 그들은 우리에게 영향을 미치며, 유익을 도모한다.롬 13:1-7

그러나 통치자와 조직은 우리의 유익을 위하지만 너무 쉽게 타락하는 경향이 있다. 개인과 마찬가지로, 그들은 이기적인 마음으로 권력을 남용함으로써 타락한다. 그들은 자신의 이기적 목적으로 권력을 사용하거나 우리를 부당한 길로 인도한다. 사람들이 자기중심적이거나 독재적이거나 부정한 지도자를 따르면, 심각한 문제에 직면하거나 혼란이 초래된다.

궁극적 권위로서 예수 그리스도

우리가 낮은 권위가 아니라 예수 그리스도라는 최고의 권위에 순종한다면 이 세상에 법과 질서와 평화 이상의 것을 가져올 수 있다는 것이 아나뱁티스트 신자들의 확신이다. 이것이 가능한 것은 사랑의 힘이 인간의 법을 넘어서기 때문이다. 우리가 날마다 예수를 따를 때, 하나님 나라에 속한 속성들이 "하늘에서 이루어진 것 같이 땅에서도"마 6:10 이루어질 것이기 때문이다.

하나님이 예수 그리스도를 통해 우리 자신을 다스리시게

할 때, 우리는 다른 사람들이 예수님처럼 생각하고 느끼며 행동하도록 영향을 미치는 자들이 될 것이다. 사도 베드로는 "그리스도도 너희를 위하여 고난을 받으사 너희에게 본을 끼쳐 그자취를 따라오게"벧전 2:21 하셨다는 사실을 상기시킨다. 그리스도의 자취를 따르는 것은 모든 신자의 목적이자 목표가 되어야 한다. 이것은 특히 아나뱁티스트 신자들이 중요하게 생각하는 덕목이다.

누구에게 절대적 충성을 바쳐야 하는가?

대부분 그리스도인은 루터 신학에 내재된 긴장 속에 살고 있다. 루터의 두 왕국 신학에 따르면, 지상의 정부 권력은 우리의 삶과 행위에 대한 최고의 권위를 가진다. 그 결과, 그리스도인은 정부가 예수의 본성과 상충된 명령을 할지라도 따라야 한다. 그들은 개인적 삶에서는 예수께 순종하지만, 공적으로는 다른 권위에 순종한다. 예를 들면, 정상적인 상황에서 그리스도인은 다른 사람의 생명을 뺏는 일은 결코 하지 않는다. 그러나 전시에 군에 입대한 그리스도인은 상관의 명령에 따라 사람을 죽인다. 루터의 두 왕국 신학에서 다른 사람의 생명을 빼앗는 일에 대한 책임은 개인이 아니라 정부에 있다.

아나뱁티스트는 동의하지 않는다. 우리는 기독교 제자도가 허용하는 범위 안에서만 세상 통치자들에게 순종한다.[41] 그리스도를 신실하게 따르는 자들이 궁극적 주와 상충된 명령에 따르지 않아야 할 때가 있다. 사도 바울은 그리스도를 따르는 자들에게 세상의 권위에 복종하라고 권면한다. 그러나 이 복종은 맹목적인 것이 아니다. 권세들에게 "복종하라"롬 13:1는 것은 통치자들이 그들의 명령이나 법 가운데 하나를 어겼다고 부과하는 처벌을 예상하고 달게 받으라는 의미다. 예수의 절대적 방식과 세상 통치자들의 일상적 방식이 대립할 때, 그리스도인은 초기 제자들과 함께 "사람보다 하나님께 순종하는 것이 마땅하니라"행 5:29라고 해야 한다.

미네소타에 있는 메노나이트 교회의 목사로 있을 때, 나는 예수께 대한 복종과 세상 정부에 대한 복종 사이의 긴장을 경험했다. 많은 성도가 징집에 응했다. 그들은 정부에 충성했으며, 나라를 위해 목숨을 바쳤다. 한편으로는 양심적 병역거부자로서 대체복무를 하는 신자도 많이 있었다. 양쪽 모두 국가를 위해 목숨을 바칠 수 있지만, 후자의 경우 국가를 위해 사람을 죽이지는 않는다.

예상하는 대로, 두 그룹 사이에는 갈등이 있었다. 7월 4일은 독립기념일이자 주일이었다. 내가 회중에게 일어나 국기에 대한 충성을 다짐할 것을 요구하자 모두 놀랐다. 나는 이어서 그들에게 뒤로 돌아서서 예수 그리스도에 대한 절대적 충성을 맹세하게 했다. 대형 스크린에는 "우리는 예수 그리스도께, 그리고 모든 사람에게 사랑과 공의와 소망을 베푸는 그의 나라에 대한 절대적 충성을 맹세합니다"라는 문구가 적혀 있었다.

두 그룹의 회중은 국가에 대해서는 일상적인 충성을, 예수 그리스도에 대해서는 절대적 충성을 바쳐야 한다는 사실을 인식함으로써 하나가 되었다.

아나뱁티스트 기독교가 주장하는 핵심은 무엇인가?

대부분 그리스도인은 구주로서 예수에 가장 큰 강조점을 두지만, 아나뱁티스트 신자들은 예수의 주 되심에 동일한, 또는 더욱 큰 강조점을 둔다. "예수는 주"라는 고백은 "예수는 나의 구주"라는 고백만큼 중요하다는 것이다. 예수는 개인적 윤리와 사회적 윤리, 둘 다의 표준이 되어야 한다. "예수는 주"는 간단하지만 중요한 신앙적 고백이다.

성경은 하나님과 그의 뜻을 알 수 있는 궁극적 원천이지만, 우리는 예수의 영과 본성을 통해 성경을 해석해야 한다. 그렇게 함으로써 예수는 우리의 궁극적 권위가 되신다. 그 결과, 그리스도인은 낮은 차원의 권위가 아니라 예수의 권위를 따름으로써 이 세상에 법과 질서와 평화를 가져올 수 있다.

예수를 따르는 자로서 우리는 예수의 인도하심을 받는 하나님 나라의 시민이자 통치자로 세움을 받은 자들이 다스리는 세상 나라의 시민으로서 긴장 속에 살고 있다. 안타깝게도, 오늘날 아나뱁티스트 신자를 포함하여 많은 그리스도인은 예수 그리스도보다 지상의 통치자들에게 더 복종한다. 그리스도를 따르는 자들은 날마다 예수는 주시라는 고백과 함께 합당한 행위로 실천하는 삶을 살아야 한다.

그리스도를 주로 모신 삶을 살기 위해서는 도움과 지원이 필요하다. 이러한 도움과 지원은 공동체 안에서 서로에 대한 헌신을 통해 온다. 이어지는 세 장은 두 번째 핵심 가치인 "공동체는 우리 삶의 중심"에 대해 살펴볼 것이다.

토론을 위한 질문

1. 누가, 어떤 권위가 여러분의 삶을 주관하고 싶어 하는가?

2. 기독교 신앙 안에서 강조되는 다음의 대조적인 관점에 대해
   살펴보라.

다른 신자들의 강조점	아나뱁티스트 신자들의 강조점
예수를 구주와 주로 받아들임	예수를 주와 구주로 받아들임
세상 통치자들의 요구가 예수의 영과 가르침에 어긋날지라도 복종함	예수의 영과 가르침에 어긋난 요구에는 복종하지 않음
국가에 불충성하지 않기 위해 어떤 희생도 감수함	예수에 대한 절대적 헌신을 위해 어떤 고난도 감수할 준비가 되어 있음
전시에 발생하는 살인과 파괴의 책임은 병사 개인이 아니라 국가에 있다고 생각함	모든 행동에 개인적, 도덕적 책임을 짐 그리스도에 대한 순종은 최상의 삶

3. "제자도가 허락하는 한" 권세에 복종한다는 것은 무슨 의미
   인가?

4. "예수는 나의 구주시며 주"라는 말과 "예수는 나의 주시며
   구주"라는 말은 어떻게 다른가?

제2부 ▶ 공동체는 우리 삶의 중심이다

Community Is the Center of Our Life

제4장 • 용서는 공동체의 핵심이다

서로 친절하게 하며 불쌍히 여기며 서로 용서하기를 하
나님이 그리스도 안에서 너희를 용서하심과 같이 하라엡
4:32

아나뱁티스트 관점에서 생각하는 기독교 신앙의 두 번째
핵심 가치는 "공동체는 우리 삶의 중심"이다. 교수이자 목사며
대학 총장인 로베르타 헤스테네스Roberta Hestenes는 "진정한 공
동체는 하나님과 함께 시작한다. 공동체 안에 성부, 성자, 성
령으로 함께 거하시는 우리 하나님은 우리가 친밀한 공동체의
기쁨을 경험하기를 원하신다"[42]고 말한다.

2부의 세 장에서는 기독교 공동체의 개념과 공동체가 존재
하는 데 필요한 요건에 대해 살펴볼 것이다. 4장은 구원에 필
요한 하나님으로부터 오는 수직적 용서와, 특히 공동체에 필
요한 인간 사이의 수평적 용서에 대해 다룬다. 5장은 의견을
상호 의견을 주고받음에 대해, 그리고 6장은 신자들이 공동체
의식을 최대한 경험하기 위해서는 교회가 어떻게 조직되어야

하는지에 대해 다룬다.

수직적 용서란 무엇인가?

수직적 용서는 하나님으로부터의 용서다. 이 용서는 십자가의 세로 막대로 묘사할 수 있다. 인간은 처음부터 하나님의 용서가 필요했다. 아담과 하와는 에덴동산에서의 불순종에 대한 용서가 필요했다. 그들의 장남인 가인은 동생 아벨을 죽인 행위에 대한 용서가 필요했다. 이스라엘 백성은 불순종과 우상숭배에 대한 용서가 필요했다. 다윗왕은 간음죄를 범한 후 "하나님이여 … 내 죄악을 지워 주소서 나의 죄악을 말갛게 씻으시며 나의 죄를 깨끗이 제하소서"시 51:1-2라고 부르짖었다.

수직적 용서

수

직

적

인간이 하나님께 불순종할 때마다, 회개와 수직적 용서가 필요했다. 수직적 용서는 죄로 인한 소외감, 죄의식, 두려움, 수치를 극복하기 위해 도우시는 하나님 방식이다. 그것은 하나님과의 교제와 합당한 자존감 및 미래에 대한 확신을 회복하게 해주는 선물이다.

교회사를 살펴보면, 신자가 하나님의 용서를 확신하는 데 네 가지 체제또는 이해가 사용되었다는 사실을 알 수 있다. 다음의 그림을 살펴보라.

용서에 대한 네 가지 이해

용서에 대한 희생적 이해

이 첫 번째 이해는 구약성경의 제의 시스템에 기초한다.

희생제물은 사람이 범죄로 인한 죄의식과 수치 및 그로 인한 하나님과의 소원함을 해결하는 한 방법이다.

하나님이 모세를 통해 이스라엘 백성에게 주신 율법은 죄에 대한 대가로 희생을 요구한다. 그들은 잘못된 생각과 행위를 처리하기 위한 상징적 방법의 하나로 양이나 소 한 마리를 광야로 보내야 했다.레 1-17장 참조

제의적 이해에 따르면, 구약성경의 희생은 세상 죄를 위해 온전한 제물로 오신 예수님을 예시한다. 이 관점은 온 세상의 죄를 대속하기에 합당하신 예수를 유월절 양으로 본다.고전 5:7; 히 9:13-10:10

아나뱁티스트 신자들은 대부분 거룩하신 하나님이 이러한 속죄 방식을 취하신다는 이해를 받아들이지만, 하나님이 화해를 위해 자신의 독생자를 끔찍한 죽음으로 내모신 이유에 대해서는 의구심을 가진다. 우리는 용서와 속죄에 대한 다중적 이해에 열려 있어야 한다.

성례전적 이해

용서에 대한 성례전적 시스템은 어거스틴과 중세 교회를 통해 도입되었다. 사람들은 성사라는 종교적 의식이나 전례를 통해 하나님의 용서를 받을 수 있다고 믿었다. 시간이 지나자 세례, 견진, 성체, 고해, 신품, 혼인, 종부성사 등 7성사가 채

택됐다. 그들은 7성사가 하나님의 은혜의 표지로 교회에 주었다고 믿었다. 그러나 때때로 죄에 대한 실제적 고백이나 참회는 매우 피상적이었다. 많은 사람은 이러한 행위가 자신의 삶에 구원을 가져다줄 것이라고 믿었다.

원죄를 믿은 중세 교회는 내재적 죄를 제거하기 위한 수단으로 유아세례를 시행했다. 끈질긴 죄성으로 말미암아, 그리스도의 희생을 상징하는 성체성사는 구약성경의 제의처럼 반복적으로 시행되었다. 임종 직전의 사람들에게는 종부성사가 시행되었으며, 마리아와 성인들에게 연옥에 있는 자가 남은 죄를 용서받고 속히 천국으로 갈 수 있게 해달라고 기도했다.

오늘날 많은 신자는 여전히 성례가 하나님의 죄사함을 받는 수단이나 상징이라고 믿는다. 아나뱁티스트 신자는 용서에 대한 성례전적 이해를 존중하나 그것이 아나뱁티스트의 신앙은 아니다.

이신칭의적 이해

믿음으로 의롭게 된다는 원리는 바울의 에베소서에 기인한다. "너희는 그 은혜에 의하여 믿음으로 말미암아 구원을 받았으니 이것은 너희에게서 난 것이 아니요 하나님의 선물이라 행위에서 난 것이 아니니 이는 누구든지 자랑하지 못하게 함이라."엡 2:8-9 수사인 루터는 많은 기도와 고해의 행위 및 성례의 시행을 통해 개인적 용서를 추구했으나 아무런 효력이 없었다. 그는 용서와 구원은 이러한 행위에서 오는 것이 아니라는 결론을 내렸다. 하나님 앞에서 의롭다 함을 받고자 하는 모든 사람은 하나님의 은혜에 대한 믿음을 가져야 한다. 죄로부터의 구원은 하나님의 사역이다. 이 구원은 사람의 행위에 달린 것이 아니라, 오직 믿음을 통해 온다.

사도 바울은 "의인은 그의 믿음으로 말미암아 살리라"는 하박국 2장 4절을 인용하여 이러한 관점을 뒷받침한다. "이신칭의" 교리는 종교개혁 기간 중 개신교를 가톨릭에서 분리시켰다.

이신칭의 시스템은 사람이 예수께서 십자가에서 당하신 일을 믿으면 죄사함을 받고 하나님 앞에서 의롭다 함을 얻는다고 가르친다. 하나님은 우리가 그리스도의 희생적 죽음을 믿기만 하면 진정한 회개나 마음의 변화가 없어도 우리를 "의롭다"하시고 자유를 주신다는 것이다.

'칭의justification'는 범법한 자가 법정에서 정상을 참작 받아 무죄로 간주된다는 법적 용어다. 예를 들면, 법정은 속도 제한 규정을 어긴 자가 임산부를 급히 이송하느라 그랬다면 정상을 참작하여 무죄를 선고할 수도 있다. 용서에 대해 이런 식의 이해를 가진 신자들은 예수 그리스도의 제의적 죽음이 하나님 앞에서 죄인을 의롭게 할 수 있는 비상한 상황이라고 믿는다.

그리스도의 십자가 죽음은 우리의 죄에 대한 형벌이었다. 따라서 우리는 의롭다 하심을 받고 하나님 앞에 나아갈 수 있게 된 것이다.

용서와 구원에 대한 이러한 관점과 관련하여, 회개한 자가 하나님이 그리스도를 통해 하신 일을 믿으면 그리스도의 피가 그의 죄를 덮거나 씻어주고 그리스도의 의로 대체한다는 의미라고 설명하는 사람들도 있다. 이것은 마치 하나님이 그를 죄 없는 자로 보시는 것과 같다.요일 1:9 참조

이러한 이신칭의적 이해로는 본성이 바뀌지 않는다. 그는 본성적으로 여전히 죄인이다. 그는 계속해서 죄를 범할 것이며, 반복적으로 용서를 구해야 할 것이다. 의로운 삶이나 날마다 예수께 순종하는 삶은 그 사람에 대한 하나님의 평가와 무관하다.

우리 가정은 10대 시절 유아세례를 받고 신앙을 고백한 한 친구에게서 이러한 사례를 보았다. 청년부 지도자가 된 그는 예배를 드릴 때마다 참회의 고백을 하고 죄사함에 대한 확신을 가지기를 반복했다. 그러나 그의 주중 신앙은 아무런 변화가 없는 것처럼 보였다. 그는 "나는 달라진 것이 없다. 나는 단지 죄사함을 얻었을 뿐"이라고 말했다.

아나뱁티스트는 이신칭의에 대한 의존만으로는 삶과 행위에 변화를 초래하지 못할 위험이 있다고 경고한다. 그것은 우

리의 태도나 행동의 변화보다 우리에 대한 하나님의 태도와 행위의 변화를 강조한다. 디트리히 본회퍼Dietrich Bonhoeffer는 이것을 "값싼 은혜"라고 부른다. 그는 "값싼 은혜는 순종이 없는 세례, 고백이 없는 성찬, 제자도가 없는 면죄, 십자가가 없는 은혜, 그리고 회개를 촉구하지 않는 용서를 전파하는 것"[43]이라고 주장한다.

변화적 이해

초기 아나뱁티스트는 제의나 성례를 신뢰하지 않았으며, 이신칭의에 대한 논의도 없었다. 그들은 예수의 삶과 가르침, 죽음과 부활에 대해 숙고했기 때문에 용서와 구원은 진실한 회개와 예수에 대한 새로운 교제openness[개방성]를 통해 온다고 이해했다. 그들은 인간의 본성은 계속해서 죄를 범하는 죄인에서 성령의 권능을 받아 새롭고 변화된 삶을 사는 성도로 바뀔 수 있다고 믿었으며 실제로 그런 변화를 경험했다. 물론 성도도 죄를 범할 때가 있지만, 범죄는 그의 새로운 본성과 상충되는 전혀 이질적인 행위다.

초기 아나뱁티스트는 예수께서 니고데모에게 하신 말씀에 깊은 관심을 가졌다. "사람이 거듭나지 아니하면 하나님의 나라를 볼 수 없느니라."요 3:3 그들은 고백과 용서와 순종이야말로 하나님이 우리의 본성을 변화시키는 수단이라고 믿었다.

자연계의 변성작용metamorphism처럼, 변화된 삶은 본성이 바뀌었음을 보여준다.

"중생"은 새로운 시작을 의미한다. 초기 아나뱁티스트는 우리가 예전의 삶에서 돌아서서 자신의 삶을 성령께 맡기고 예수 그리스도께 전적으로 순종하는 삶을 시작할 때 새로운 생명이 시작된다고 믿었다. 사도 바울은 우리가 그리스도와 새로운 관계를 시작하면 "이전 것"옛 생각, 태도, 행동, 관계은 지나가고 모든 것생각, 태도, 행동, 관계이 새로워 진다"새 것이 되었도다"고 기록한다.고후 5:17 이 말씀은 개인과 교회 모두에 적용된다.

구원에 관한 모든 관점은 고백과 용서를 포함한다. 아나뱁티스트 그리스도인은 고백과 용서와 새로운 관계를 통해 일어나는 변화를 강조한다. 그들은 하나님과의 건강한 수직적 관계는 열매 맺는 변화된 삶을 가져온다고 믿는다. 이처럼 변화된 삶은 정직한 회개와 함께 성령의 감동으로 날마다 예수를 따르는 순종을 통해 최상의 열매를 맺는다.

수평적 용서란 무엇인가?

수평적 용서는 십자가의 가로 막대로 묘사할 수 있다.

수평적 용서

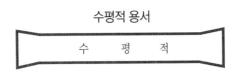

하나님과 사람 사이의 수직적 용서가 구원에 필요한 것이라면, 예수님은 사실상 인간 사이의 용서인 수평적 용서에 대해 많은 말씀을 하셨다. 예를 들면, 예수님은 제자들에게 "그러므로 예물을 제단에 드리려다가 거기서 네 형제에게 원망들을 만한 일이 있는 것이 생각나거든 예물을 제단 앞에 두고 먼저 가서 형제와 화해하고 그 후에 와서 예물을 드리라"마 5:23-24고 말씀하셨다. 또한 예수님은 "너희가 사람의 잘못을 용서하면 너희 하늘 아버지께서도 너희 잘못을 용서하시려니와 너희가 사람의 잘못을 용서하지 아니하면 너희 아버지께서도 너희 잘못을 용서하지 아니하시리라"마 6:14-15는 말씀도 하셨다.

대부분 그리스도인은 하나님께 자신의 죄를 고백하고 하나님의 수직적 용서를 받는 것만 강조했지만, 초기 아나뱁티스트 신자들은 서로에게 죄를 고백하고 인간의 수평적 용서를 받는 것의 중요성도 강조했다.

초기 아나뱁티스트 신자들은 종종 로마서 12장 2절을 인용한다. "너희는 이 세대를 본받지 말고 오직 마음을 새롭게 함으로 변화를 받아 하나님의 선하시고 기뻐하시고 온전하신 뜻이 무엇인지 분별하도록 하라." 그들은 모든 신자 특히 지도자가 성도다운 삶을 살기를 원했다. 그들은 교회를 깨끗한 삶을 사는 자들의 모임이라고 생각했다. 공동체 안에서 죄나 불순종이 발견되면, 고백을 하고 문제를 해결해야 했다. 그들은

"용서는 가끔 하는 특별한 행위가 아니라 지속적인 행위"[44]라는 마틴 루터 킹Martin Luther King Jr.의 말에 전적으로 공감할 것이다.

수평적 용서는 어떻게 이루어지는가?

하나님과 개인 사이의 수직적 용서가 고백이나 회개를 요구하듯이 수평적 용서도 고백이나 회개가 필요하다. 우리는 고백과 회개를 통해 하나님과, 그리고 인간 상호 간에 바른 관계를 정립할 수 있다.

진정한 용서를 위해서는 상대에 대한 자신의 말과 감정과 행동이 잘못되었음을 인정해야 한다. 고백한 사람은 당사자에게 찾아가 용서를 구해야 한다. 이 만남은 대체로 깨어진 관계를 회복하는 전환점이 된다. 그것은 갈등의 종식과 평화를 가져오며, 서로에 대해 훨씬 투명한 생각과 따뜻한 마음으로 대할 수 있게 한다. 이러한 고백과 새로운 삶은 건강한 공동체를 세워나가는 데 매우 중요하다. 그것은 부정적 감정과 욕망을 버리게 한다. 용서는 진정한 공동체에 꼭 필요한 요소다.

예수께서 제자들에게 특별한 관심을 촉구하시며 선포하신 복음은 하나님 나라가 임했다는 기쁜 소식이다.막 1:14; 눅 9:2 참조 그 나라는 하나님과 사람 사이의 용서와 인간 상호 간의 용서가 이루어진 곳이다. 인간관계는 상호 간의 친밀한 교제가 없이는 불가능하다. 예수께서 간절히 원하신 것은 "우리가 하나가 된 섯 같이 그들도 하나가 되게 하려 함"요 17:22이다.

나는 첫 번째 목회지에서 수평적 고백과 용서의 필요성을 절실히 깨달았다. 신도회장인 버논Vernon, 가명과 장로회장인 존John, 가명은 서로 말도 하지 않는 사이다. 버논은 신도 모임에서 존의 제안을 일언지하에 거절함으로써 그에게 큰 상처를 입혔다. 버논과 존은 하나님과의 수직적 관계에도 불구하고 서로에 대해서는 수평적 관계를 이루지 못한 상태였다. 서로에 대한 회피와 긴장은 모든 회중에 영향을 미치기 시작했다.

이런 상황에 대한 예수님의 권면은 "네 형제가 죄를 범하거든 가서 너와 그 사람과만 상대하여 권고하라"마 18:15라는 말씀이다. 그러나 내성적이고 완고했던 두 사람은 그렇게 하지 못했다.

존은 나에게 버논이 자신의 제안을 신랄하게 비판했을 때 느낀 상처와 당황스러움에 대해 토로했다. 그러나 버논은 나와의 대화에서 자신은 상처를 줄 의도가 전혀 없었다고 말했다. 나는 예수님이 말씀하신 것처럼, 버논과 존을 한 자리에 불러 서로 마주 보며 솔직한 대화를 나누게 함으로써 사태를 해결하려 했다. 나는 이 자리에서 존에게 자신이 느낀 상처를 솔직히 말하게 하고 버논에게 귀 기울여 들어달라고 당부했다. 존의 말을 듣고 있던 버논은 자신이 그에게 어떤 상처를 입혔는지에 대해 정확히 이해하기 시작했다. 자신의 잘못을 뉘우친 버논은 존을 쳐다보며 "나의 말과 말투가 장로님에게 큰 상처를 준 사실을 알았습니다. 나를 용서해 주세요"라고 말했다. 잠시 찌푸렸던 표정을 푼 존은 그에게 손을 내밀며 "예, 그러겠습니다. 용서하겠습니다"라고 했다. 다음 주일날, 나는 두 사람이 현관에서 다정하게 담소를 나누는 모습을 보았다. 이러한 수평적 용서의 행위는 버논과 존은 물론 전체 회중에 강력한 공동체 의식을 일깨우게 했다.[45]

수평적 용서는 어떻게 이루어지는가?

용서에는 다양한 종류가 있다. 거래적 용서Transactional forgiveness는 상처를 준 가해자가 자신의 잘못을 시인한 후 상대에게 용서를 받는 것이다. 거래적 용서라는 말은 가해자와 피해자 간에 일종의 거래가 이루어지기 때문에 붙은 이름이다. 가해자에 대한 용서는 그를 배상의 의무와 죄의식과 수치심에서 벗어나게 한다.

켄 산데Ken Sande는 그의 책 『피스메이커』Peacemaker에서 "진정한 용서는 은밀한 가운데 다음 네 가지 약속이 전달되어야 한다"고 주장한다.

• "나는 이 일에 대해 더 이상 생각하지 않겠다."

- "나는 이 상처로 당신을 공격하지 않겠다."
- "나는 다른 사람에게 이 일에 대해 말하지 않겠다."
- "나는 이 일로 우리의 관계를 방해받지 않도록 하겠다."[46]

지위적 용서Positional forgiveness는 가해자가 자신의 말이나 감정이나 행동에 대한 고백을 거부하는 경우다. 고백이 없으면 거래가 될 수 없다. 그러나 지위적 용서에서 피해자는 가해자에 대해 무조건적인 용서의 태도나 입장을 견지한다.

예수님은 십자가에서 "아버지 저들을 사하여 주옵소서 자기들이 하는 것을 알지 못함이니이다"눅 23:34라는 기도를 통해 이런 용서를 하셨다. 그는 자신에게 악을 행하고 회개의 고백도 하지 않는 자들을 기꺼이 용서하신 것이다.[47] 상담학 교수인 데이비드 옥스버거는 이런 용서를 "비통한 용서"forgrieving 라고 부른다. 이렇게 부르는 이유는 피해자가 용서하기를 원함에도 불구하고 거래화해가 이루어지지 않고 관계가 회복되지 않는 것에 대해 비통한 마음을 가지기 때문이다.[48]

지위적 용서는 피해자의 유익을 위한 것이다. 그것은 피해자가 미래의 감정적 문제로 이어질 수 있는 내적 분노와 상처를 극복하게 한다. 2006년 10월 2일, 칼 로버츠Charles Carl Roberts 가 펜실베이니아, 니켈 마인즈의 아미쉬 공동체 학교에 침입하여 열 명의 여학생에게 총기를 난사하여 5명을 죽이고 자살한 사건은 이러한 용서가 어떤 것인지를 잘 보여준다. 아미쉬 공동체는 총을 쏜 자와 그 가족을 용서했다. 이처럼 특이한 대처 방식은 전국적인 이슈가 되었다. 많은 사람은 아미쉬가 공정한 인생을 기대하지 않는다는 사실을 보았다. 아미쉬는 세상을 용서하는 태도를 견지했다. 그들은 무엇인가 잘못되면 언제든지 용서할 태세를 갖추었으며, 따라서 이 사건은 분노의 이야기로 폭발할 기회조차 얻지 못했던 것이다.[49]

조그마한 아미쉬 가게의 주인들은 지위적 용서의 사례를 더욱 구체적으로 보여준다. 그들은 낡은 널빤지 선반 위에 "혹시 이 선반을 깨트릴 경우, 우리가 용서할 수 있도록 알려 주시기 바랍니다"라는 문구를 적어놓았다.[50]

십자가는 무슨 의미인가?

십자가는 용서를 가리키는 보편적 상징이다. 초기 그리스도인에게 십자가는 세상 죄를 대신 지신 그리스도의 희생을 상징했으나, 그 이상의 상징적 의미가 있었다. 십자가는 그리스도의 삶과 그런 삶에 따른 고난을 상징한다.

예수님은 제자들에게 "누구든지 나를 따라오려거든 자기를 부인하고 자기 십자가를 지고 나를 따를 것이니라 누구든지 제 목숨을 구원하고자 하면 잃을 것이요 누구든지 나를 위하여 제 목숨을 잃으면 찾으리라"마 16:24-25고 가르치셨다.

십자가의 용서의 상징

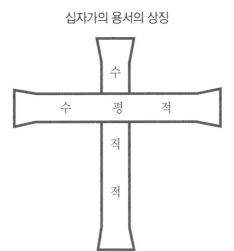

많은 그리스도인은 성찬을 행할 때 하나님이 베푸시는 수직적 용서와 그리스도의 대속적 죽음에 초점을 맞춘다. 성찬은 어딘지 침울한 경험이 되었다. 아나뱁티스트 그리스도인도 성찬을 그리스도의 죽음을 기념하는 의식으로 지키지만, 동시에 성찬은 하나님의 용서는 물론 함께 성찬에 참예하는 다른 신자의 용서를 받은 것을 기념하는 교제의 식사로 생각했다. 그들에게 성찬은 그리스도의 죽음의 엄숙함뿐만 아니라 용서받은 교제의 기쁨을 기념하는 자리였던 것이다.

아나뱁티스트 기독교가 주장하는 핵심은 무엇인가?

아나뱁티스트 관점을 가진 신자들은 하나님의 수직적 용서는 구원에 중요하며, 신자 간의 수평적 용서는 공동체에 중요하다고 생각한다. 역사적으로 그리스도인은 하나님의 수직적 용서를 강조해왔으나, 그리스도의 제자들이 하나님과, 그리고 상호 간에 온전하고 정직한 관계를 유지하기 위해서는 수직적 용서와 수평적 용서의 균형이 필요하다. 온전한 관계는 하나님 나라와 기독교 신앙의 핵심이다.

온전한 공동체에 필요한 다른 것은 무엇인가? 다음 장에서는 그리스도의 몸 안에서 상호 의견을 주고 받음으로 하나님의 뜻을 분별하는 방법에 대해 살펴볼 것이다.

토론을 위한 질문

1. 여러분은 수직적 용서에 대한 네 가지 이해인 제의적, 성례전적, 이신칭의적, 변화적 이해 가운데 어떤 관점을 가지고 살았는가?

2. 여러분에게 가정과 교회에서의 강력한 수평적 관계는 얼마나 중요한가? 어떻게 하면 수평적 관계를 더욱 강화할 수 있는가?

3. 기독교 신앙 안에서 경험할 수 있는 대조적인 관점에 대해 살펴보라.

다른 신자들의 강조점	아나뱁티스트 신자들의 강조점
수직적 용서	수평적 용서
제의나 성례, 또는 둘 다를 통한 용서	믿음과 고백과 즐거운 순종을 통한 변화
오직 이신칭의	정직한 회개
예배를 드릴 때 죄에 대한 고백	범죄한 시점에 고백

4. 여러분이 경험한 깨어진 관계에 대해 말해보라. 잘못을 고백하고 용서를 구하는 것이 왜 어려운가?

5. 여러분이나 여러분의 가정은 정직한 고백과 용서를 할 수
   있도록 돕는 제3의 중재자를 필요로 한 적이 있는가?

제5장 • 하나님의 뜻은 공동체를 통해 분별된다

"너희는 이 세대를 본받지 말고 오직 마음을 새롭게 함으로 변화를 받아 하나님의 선하시고 기뻐하시고 온전하신 뜻이 무엇인지 분별하도록 하라."롬 12:2

신자에게 보편적 도전은 '하나님의 뜻을 어떻게 아느냐' 라는 것이다. 항상 하나님의 뜻을 행하면 최상이겠지만, 그것을 어떻게 알 수 있는가? 5장에서는 초기 그리스도인이 하나님의 뜻을 분별하기 위해 공동체 안에서 어떻게 교제했는지 살펴본 후, 오늘날 아나뱁티스트 신자들이 설교와 교육과 대화를 통해 상호 의견을 주고받는 방식으로 하나님의 뜻을 분별하는 방법에 대해 살펴볼 것이다.

초기 그리스도인은 하나님의 뜻을 어떻게 분별했는가?

예수님은 그의 나라가 독재적이어서는 안 된다는 점을 분명히 하셨다. 복음서는 예수님과 제자들이 서로 질문하며 토론하는 장면으로 가득하다. "네 생각에는 이 세 사람 중에 누가 강도 만난 자의 이웃이 되겠느냐"눅 10:36, "내가 무엇을 하여야 영생을 얻으리이까"눅 10:25, "사람들이 나를 누구라고 하느냐"막 8:27 이런 질문들은 예수와 공동체가 의견을 주고받는 탁월한 기회를 제공한다.

교회의 본질상, 하나님의 백성은 분별력 있는 백성으로 불린다. 사도행전 15장은 초기 교회가 어떻게 예루살렘 총회로 모이게 되었는지에 대해 알려준다. 그들은 현장 상황에 대한 보고를 듣고 열띤 내부 토론을 거쳐 이방인 새신자 문제에 대한 결론에 도달했다.

그러나 콘스탄티누스 시대 이후, 교회 지도자들은 독재적으로 변했다. 사제, 주교, 추기경, 교황은 여러 가지 규정을 만들어 교회를 규제했다. 법을 위반한 자에게는 가혹한 처벌이 따랐다. 이러한 독재 체제는 16세기에 종교개혁이 일어나고 마틴 루터가 상명하달식 체제에서 벗어나기까지 계속되었다. 루터는 개인적인 성경 연구와 설교를 통해 하나님의 뜻을 분별할 수 있다고 믿었다.

초기 아나뱁티스트 신자들은 공동체 안에서 하나님의 뜻을 함께 발견할 수 있는 패턴을 발전시켰다. 오늘날에도 새신자가 아나뱁티스트 회중에 가입하기를 원하면, "당신은 우리와 의견을 주고받을 수 있겠습니까"라는 전형적인 질문을 한다. 이 질문은 그가 교회뿐만 아니라 삶의 모든 영역에서 어떻게 행할 것인지를 보여준다는 점에서 중요하다. 공동체의 지체는 자기 생각을 내어놓고 다른 사람의 의견도 받아들이겠다는 약속을 통해, 하나님의 뜻을 분별하고 그 뜻을 행하기 위해서는 서로가 필요하다는 사실을 인정하게 된다.

초기 아나뱁티스트 시대에, 신자들은 가정 모임을 통해 분별력을 얻었다. 예를 들면, 메노 시몬스는 수년간 집과 교회를 오가며 아나뱁티스트 사상의 기본 원리들에 대해 토의했다.

"임의로 주관하는" 이방인 통치자처럼 되지 말라는 그리스도의 명령에도 불구하고, 오늘날 많은 그리스도인은 독재적 목사가 무엇을 생각하고 무엇을 행할 것인지를 지시하는 교회를 택한다. 독재적 교회는 공동체 안의 각 지체가 가진 은사와 능력과 통찰력을 존중하지 않는다. 이런 교회는 평신도를 연구와 분별력에서 배제하는 것으로, 성경에 대한 관심을 떨어뜨리고 중요한 문제에 대한 분별력에 무능하게 할 수 있다. 또한 분별력에 대한 책임감이 부족한 독재적 지도자는 회중을 잘못 인도할 수 있다.

해석 공동체란 무엇인가?

먼저, 마틴 루터는 그리스도인이 성경을 읽고 성령의 인도하심을 받기만 하면 누구든지 하나님의 뜻을 분별할 수 있다고 믿었다. 그는 언젠가 "덤불 뒤에 숨은 양치기 소년일지라도 성령이 함께 하시면 교황보다 성경을 잘 해석할 수 있다"고 말한 것으로 알려진다.

이러한 자유방임식 접근은 누구나 성경을 탐구하여 의미와 적용에 대한 개인적 결론에 이를 수 있게 한다. 그러나 루터는 목회자나 개인이 성경을 마음대로 연구하고 해석하는 것이 잘못된 통찰력으로 이어지는 경우가 많다는 사실을 곧 깨닫게 된다.

초기 아나뱁티스트 지도자들은 성경을 존중했으며, 개인적으로나 함께 모여 조심스럽게 연구했다. 그들은 전문가에게 의존하기보다 성령의 인도하심을 받는 신자들이 함께 모여 연구하는 것이 특정 사안이나 상황에 대한 성경의 의미와 적용을 이해하는 최선의 방법이라고 생각했다. 그들은 종종 해석 공동체로 불렸다.

신자들은 공동체의 분별력을 통해 특정 사안에 대한 하나님의 뜻을 이해했다. 학자들은 성경을 일반적인 용어로 해석하지만, 아나뱁티스트는 서로의 삶과 사역을 잘 알고 있는, 성령의 인도하심을 받는 사람들이 성경을 가장 잘 이해할 수 있다고 믿는다.

초기 아나뱁티스트는 신앙적 사상과 행위에 대한 자유를 격려했다. 그들은 상호 방문, 서신, 책자, 회의를 통해 서로 의견을 주고받음으로써 박해 가운데 신실한 삶을 살 수 있도록 도움을 주었다. 그들은 공동체를 강조함으로써, 개인의 독단적 생각이나 판단을 피할 수 있게 했다. 1527년, 슐라이타임Schleitheim에 모인 공동체가 프레젠테이션과 대화를 통해 합의에 이른 것은 주목할 만한 성과다.[51] 지도자들은 성경과 예수와 성령과 다른 지체를 진지하게 받아들임으로써 일곱 가지 주제, 즉 세례, 징계, 성만찬, 세상과의 분리, 목자목사, 비저항, 맹세에 대한 공감대를 형성할 수 있었다.

우리는 어떻게 설교를 통해 하나님의 뜻을 분별할 수 있는가?

우리는 역사와 경험을 통해, 건강한 교회가 하나님의 뜻을 바로 알기 위해서는 세 가지 의사소통 방식이 균형을 이루어야 한다는 사실을 알고 있다. 세 가지 가운데 하나라도 빠지거나 의견을 주고받는 과정이 생략되면, 분별하는 과정에 문제가 발생할 수 있다. 세 가지 의사소통 형태는 설교와 가르침과 대화이다.

설교의 주된 목적은 듣는 자에게 감동을 주어 헌신을 하도록 촉구하는 것이다. 아래 도표에서 볼 수 있는 것처럼, 일반적으로 설교는 한 명이 여러 사람에게 말을 하는 독백 형태로 이루어진다.

예수님은 설교로 사역을 시작하셨다. 예수님은 지상에 계실 때 갈릴리와 유대 지역 전체를 다니시며 말씀을 전하셨으며, 많은 무리에게 감동을 주고 하나님 나라를 위해 헌신하도록 촉구하셨다. 예수님은 계속되는 설교와 이야기를 통해 하나님 나라에 대해 선포하셨다. 하나님의 뜻은 하나님 나라와 관련하여 분별할 수 있었다.

설교를 통한 분별

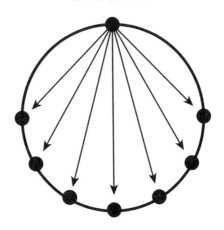

사도들은 설교 사역을 이어받았다. 베드로는 오순절에 많은 무리 앞에서 예수 중심의 메시지를 통해 헌신을 촉구했으며 큰 감동을 주었다. 그날 삼천 명의 사람이 그의 메시지에 화답했다. 그 후, 성령은 바울과 바나바를 "따로 세워" 그리스도에 대한 메시지를 이방인에게 전하게 했다.^{행 2:4 및 13:2 참조} 바울은 알려진 세계 곳곳을 다니며 예수에 관한 메시지로 유대인과 이방인 모두에게 큰 영감을 주었으며 그들에게 새로운 주인을 따르도록 촉구했다.

초기 아나뱁티스트 역시 설교를 특징으로 한다. 회중 가운데 선정된 몇 사람이 말씀을 전했다. 당시에는 기회가 되면 언제든지 설교할 준비가 되어 있는 팀이 있었다. 설교는 주로 남자들이 맡았지만, 여자들도 자신의 신앙을 나누었다. 알려진 순교자 가운데 1/3은 여자들이었다.

초기 아나뱁티스트는 열정적으로 말씀을 증거했다. 예를 들면, 한스 후트Hans Hut는 영감 있는 설교를 통해 많은 사람을 헌신의 삶으로 인도했다. 그는 자신의 사역 기간에 오천 명 이상의 새신자에게 세례를 준 것으로 전해진다.

설교는 때로 비판의 대상이 되기도 하지만, 사람들이 하나님의 뜻을 분별하도록 도와주는 의사소통 방식이다. 안타까운 일이지만, 교회의 가르치는 사역이 빈약할 때 목사는 설교보다 가르치는 일에 집중하는 경향이 있다. 그 결과 영감이 부족한 목사의 설교는 청중에게 헌신을 촉구하지 못할 수 있다. 감동을 주고 헌신을 촉구하는 방법으로 확실한 성경적 설교를 대체할 수 있는 것은 없다.

목사는 무슨 말씀을 전해야 할지 어떻게 아는가?

초기 아나뱁티스트 목사의 설교는 성경에 대한 개인적 연구와 함께 교회와 공동체 안에서 신자들과의 정상적인 교제를 통해 나온다. 여기서 자기의 생각과 의견을 주고받는 과정은 당연히 포함된다.

오늘날 이 과정은 어떻게 일어나는가? 나는 오리건주 오로라Aurora에 있는 갈보리 메노나이트 교회를 담임하는 목사로서, 의견을 주고받는 과정을 통해 유익한 분별력을 얻은 경험이 있다. 나는 월요일 아침과 화요일 아침에 이번 주 설교할 본문에 대해 개인적인 연구와 주석을 했다. 수요일 아침에는 교회 도서관에서 회중 가운데 서너 명과 함께 본문을 읽고 공동체에 어떤 의미가 있는지에 대해 의견을 나누었다. 나는 이처럼 의견을 주고받는 과정 가운데, 본문이 우리 교회와 공동체가 처한 실제 상황에 어떻게 적용되며 어떤 필요를 채우는지에 대해 유익한 통찰력을 많이 얻는다.

브리티시컬럼비아주 밴쿠버에 위치한 포인트 그레이 국제 메노나이트 협회Point Grey Inter-Mennonite Fellowship는 초기 아나뱁티스트 예배의 전형적인 패턴을 채택하였다. 예배 인도자는 설교가 끝난 직후 성도들에게 설교와 주제와 관련된 코멘트나 질문을 하거나 통찰력을 나눌 기회를 주었다. 이처럼 의견을 주고받는 과정을 통해, 목사는 더욱 전문적인 설교자가 되고 회중은 더욱 주의 깊게 듣게 되었다.

성장하는 교회들은 대체로 설교자가 주중 소그룹에서 했던 설교에 기초하여 토론의 윤곽을 준비하는 패턴을 사용한다. 이런 전형은 설교자에게 텍스트에 대한 해석을 넘어 적용으로 향하도록 촉구한다. 에티오피아의 메세레테 크리스토스 교회Meserete Kristos Church 회중은 이 패턴이 "성경을 가르치는" 교회로 명성을 얻고 급속히 성장하는 동력이 되었다고 믿는다.

어떤 설교자는 예배를 마친 후 그룹 토론이나 공개 포럼을 연다. 그런가 하면, 예배 후에 회중을 앞으로 불러내어 기도하거나 일을 맡기는 목사도 있다. 이러한 패턴은 모두 청중이 받은 감동이나 헌신에 관한 의견을 주고받을 수 있는 기회를 제공한다.

우리는 어떻게 가르침을 통해 하나님의 뜻을 분별할 수 있는가?

설교의 주된 목적은 감동을 주고 헌신을 촉구하는 것이지만, 가르침은 학습을 주된 목적으로 한다. 아래 삽화에서 볼 수 있듯이, 가르침은 종종 선생과 학생이 서로 질문을 하고 대답을 하는 형식으로 진행된다.

복음서는 우리에게 예수께서 사역을 위해 제자들을 삼 년 동안 가르치고 훈련시키셨다고 기록한다. 예수님은 제자들이 하나님 나라의 본질과 예수님에 대해 철저히 이해하기를 원하셨다. 예수님은 사역을 마치시면서 제자들에게 "그러므로 너희는 가서 모든 민족을 제자로 삼아 … 내가 너희에게 분부한 모든 것을 가르쳐 지키게 하라"마 28:19-20라고 명령하셨다.

가르침을 통한 분별

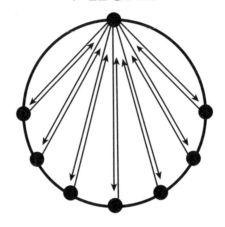

초기 교회는 예수께서 시작하신 가르침과 훈련을 계속했다. 하나님의 뜻을 분별하기 위해서는 정확한 정보가 필요했다. 새신자를 공동체의 일원으로 받아들이는 데 3년의 시간이 필요할 때도 있었다.[52] 이 과정에는 산상수훈을 암기하는 일도 포함된다고 생각하는 사람들도 있다.

초기 아나뱁티스트도 엄격한 성경 연구와 가르침을 시행했다. 사실 이 운동은 성경공부반에서 시작되었다. 지도자들은 성경을 열심히 배웠으며 주제에 따라 본문을 배열했다. 때로는 성구사전을 준비해서 함께 공부하기도 했다. 그들은 성구사전을 통해 성경의 내용과 관계 및 의미에 대해 의견을 주고받았다.

오늘날 가르침은 어떻게 이루어지는가?

아나뱁티스트에게 자녀를 가르칠 수 있는 자유는 중요하다. 이 자유는 아나뱁티스트 신자들이 박해를 당할 때, 임의로 교육할 수 있는 자신의 학교를 설립할 수 있는 지역을 찾아 이주할 만큼 중요했다. 일단의 가정이 프랑스 알자스, 폴란드 비스툴라계곡, 러시아로 옮겼으며, 북아메리카와 남아메리카로는 수차례 이주했다.

메노나이트 교회의 청년주일학교와 장년주일학교는 오랫동안 성경을 배울 수 있는 대표적인 기관이었다. 내가 다닌 교회는 130명의 성도가 모두 16개의 연령별 모임으로 나뉘어 성경을 배웠다. 이 모든 모임은 상호 의견을 나눌 수 있는 기본적인 틀을 형성하는 배경이 되었다.

북아메리카의 메노나이트 신자들은 요즈음 30개의 초중학교와 12개의 대학교 및 적어도 세 곳의 신학교를 지원하고 있다. 이 학교들은 아나뱁티스트 신앙과 행위에 관한 의견을 주고받는 중요한 기관들이다.

메노나이트 교단 내에서는 오늘날 성경 문맹에 대한 걱정이 많다. 그러나 연구할 수 있는 대안은 점차 늘어나고 있다. 여기에는 여러 교단의 신학교, 연례회의 워크숍, 신학교의 웹 세미나webinars와 다양한 온라인 과정 등이 포함된다.

우리는 어떻게 대화를 통해 하나님의 뜻을 분별할 수 있는가?

설교의 기본적 목적은 청중에게 감동을 주어 헌신을 촉구하는 것이고 가르침의 기본적 목적은 내용에 대한 학습이라면, 대화의 기본적 목적은 듣고 배운 것을 자신의 삶과 상황에 적용하는 것이다. 아래 그림에서 볼 수 있듯이, 대화는 구성원들 간에 상호 의사소통을 한다.

대화를 통한 분별

예수님과 사도들과 개혁가들은 모두 많은 대화를 나누었다. 초기 교회에서 대화의 장소는 주로 소그룹이나 가정이었다. 초기 아나뱁티스트 역시 소그룹이나 가정교회로 모여 대화를 나누었다. 이처럼 친밀한 교통은 주류 교회나 국가 교회의 공식적인 설교나 가르침과 대조된다.

초기 아나뱁티스트가 소그룹을 통해 만났을 때, 그들에게 중요한 무엇인가가 일어났다. 그들은 친밀한 공동체 안에서 대화를 통해 그리스도의 임재를 경험했으며, 즉시 순종하며 따랐다.

오늘날 대화는 어떻게 진행되는가?

소그룹은 신자와 구도자가 자신이 듣고 배운 것이나 경험한 것에 대해 의견을 주고받을 수 있는 훌륭한 장을 제공한다. 거듭남과 성장을 경험한 회중은 소그룹을 강조하지 않을 수 없다. 우리는 다음 장에서 소그룹에 대해 더욱 자세히 살펴볼 것이다.

대화는 책임 있는 신자가 될 수 있게 돕는 중요한 역할을 한다. 나는 어떤 사안이 발생했을 때, 먼저 책임 집단과 대화하지 않는 한 그 문제에 대해 어떤 중요한 결정도 내리지 않기로 다짐했다. 책임 집단은 의견을 주고받음으로써 내가 그 사안에 대해 이해하고 그것을 해결하기 위한 새로운 대안을 생각하며 성취해야 할 목표를 세울 수 있도록 돕는다. 평소에는 확실하다고 생각하던 것이 어떤 때에는 대안을 찾아야겠다는 도전을 받기도 한다.

인디아나주 고센에 있는 메노나이트 교회는 초기에 교인들이 자신의 삶을 위한 하나님의 뜻을 분별하는 것을 돕기 위해 엄격한 방식을 사용했다. 소그룹 내 신자들은 새해 첫 주에

서로 "작년에 시간을 어떻게 보냈습니까? 올해는 어떻게 보내실 생각입니까?"라고 물었다. 둘째 주에는 "작년에는 재능을 어떻게 사용했습니까? 올해는 어떻게 사용하실 생각입니까?"라고 물었다. 셋째 주에는 더욱 개인적인 질문을 던졌다. "작년에는 얼마를 벌었습니까? 올해는 얼마를 벌어서 사용하실 생각입니까?" 한 성도는 "이처럼 상처받기 쉬운 수준의 대화를 나누기 위해서는 상당한 성숙함이 요구되지만, 이런 식의 교제가 우리의 삶을 위한 하나님의 뜻을 분별하는 데 중요한 열쇠가 된다는 사실을 알았습니다"[53]라고 말했다.

제시카 렘펠Jessica Reesor Rempel과 크리스Chris Brnjas는 신학 학위 과정을 마칠 무렵, 다수의 젊은 친구들이 아나뱁티스트 신앙을 고수하면서도 교회와 단절된 느낌을 받고 있다는 사실을 알았다. 그들은 거리 목사로 출발했다. 그것은 교회 안팎의 생생한 신앙 경험 및 대화를 통해 젊은이와 교감하기 위한 것이었다. 현재 렘펠은 매주 모이는 세대 간 페미니스트 성경공부반을 돕고 있다. 이 모임에 참석한 사람들은 서로의 생각을 주고받는 교제를 통해 자신과 서로에 대한 하나님의 뜻을 분별하고 있다. 페미니즘은 16세기의 아나뱁티스트 사상과는 거리가 있지만, 렘펠과 크리스는 양자의 유사성에 주목한다. 렘펠은 "우리는 성경을 읽으면서 하나님의 본성, 능력, 특권, 젠더 역할 등 대형교회에서는 묻기 어려운 질문을 던진다. 우리의 모임에는 권위자나 전문가가 없으며, 모든 참석자가 성경에 대한 나름의 해석을 제시한다. 누구에게나 가르칠 것과 배울 것이 있다"[54]라고 말한다.

나는 헤스톤 대학의 목회 사역 프로그램의 책임자로 일하면서 대화는 자신이 사역자로 부르심을 받았는지를 분별하는 중요한 요소라는 사실을 알았다. 지원자는 자신의 내적 소명과 외적 소명이 하나님에게서 온 것인지 알아야 한다. 내적 소명은 하나님 및 자신과의 개인적 대화를 통해 자신의 열정과 사상과 가치관에 대해 분별하는 과정을 통해 온다. 외적 소명은 다른 개인이나 단체가 그가 사역에 대한 재능과 인격과 열정이 있다는 분별력을 통해 온다. 지역 협의회 존 파웰John Pow-ell목사는 "교회는 회중의 분별력을 통해 지도자를 초빙하고 권위를 부여한다. 이 '권위'는 교회마다 다르다. 어떤 지도자는 아무런 제한 없이 활동하는 반면, 어떤 지도자는 공식적, 비공식적 조직에 의해 통제를 받는다"[55]라고 말한다.

아나뱁티스트 기독교의 핵심적 주장은 무엇인가?

초기 아나뱁티스트는 박해로 말미암아, 그리고 필요 때문에, 대규모 교회에서 쫓겨나 사적인 모임을 가질 수밖에 없었다. 이 모임에서는 서로 생각을 주고받는 일이 일상화되었다. 그러나 오늘날 이 모임은 공동체의 일원으로 받아들이기 위한 질문 때문에 도전을 받고 있다. "당신은 우리와 의견을 주고받겠습니까"라는 질문은 공동체의 지체가 자유방임적 지도자나 독재적 지도자가 되는 경향을 거부하게 돕는다.

우리는 회중이 바른 분별력을 얻기 위해서는 설교와 가르침과 대화 사이에 올바른 균형이 필요하다는 사실을 경험을 통해 알게 되었다.

분별력과 심층적 공동체를 위한 최상의 환경은 무엇인가? 우리는 다음 장에서 소그룹을 통해 경험한 풍성한 사례에 대해 살펴볼 것이다.

토론을 위한 질문

1. 여러분의 교회는 새신자가 오면 "당신은 우리 교회에서 하나님의 뜻을 분별하기 위해/역주 의견을 주고받을 수 있겠습니까?" 라고 묻는가? 그런 질문을 하거나 하지 않는 이유는 무엇인가?

2. 기독교 신앙 안에서 신자들이 하나님의 뜻을 분별하는 대조적인 관점에 대해 살펴보라.

다른 신자들의 강조점	아나뱁티스트 신자들의 강조점
개인적 연구와 기도를 통한 분별	대화를 통한 성경 연구 및 해석
설교가 가장 중요하다.	설교와 가르침과 대화의 균형이 중요하다.
사람들이 무엇을 생각하고 무엇을 행해야 할지를 일러준다.	상호 의견을 주고받음으로써 의사결정이 이루어지도록 돕는다.

3. 여러분은 어떤 상황에서 다른 사람의 충고나 권면을 부탁했는가? 여러분은 왜 조언이나 권면을 부탁해야 하는가?

4. 여러분은 하나님의 뜻을 분별하기 위해 어떤 도움을 받았는가? 그것은 얼마나 협박적이었는가? 얼마나 유익했는가?

제6장 • 공동체의 지체에게는 책임이 있다

날마다 마음을 같이하여 성전에 모이기를 힘쓰고 집에서
떡을 떼며 기쁨과 순전한 마음으로 음식을 먹고 하나님
을 찬미하며 또 온 백성에게 칭송을 받으니행 2:46-47

아나뱁티스트 신앙의 독특성은 그들의 신학만큼 형식에서
도 나타난다. 아나뱁티스트의 기원에 관한 62개의 박사 논문
에 대한 조사를 끝낸 일본 신학자 다카시 야마다Takashi Yamada
는 다음과 같은 결론에 이르게 되었다. "초기 교회와 초기 아
나뱁티스트가 가진 공통적 특징은 소그룹에서 얼굴을 맞대고
만난 신자들이 서로에게 세상과 맞설 수 있는 강력한 힘을 부
여했다는 것이다."[56]

6장에서는 효율성과 책임감을 최대한 발휘할 수 있는 규모
의 교회를 조직하는 한 방법으로서 소그룹에 대해 살펴볼 것
이다. 우리는 성령 충만한 소그룹의 일원이 되는 것이 지상에
서 하나님 나라를 가장 가까이 경험할 수 있는 길이라는 사실
을 알게 될 것이다.

하나님의 나라는 무엇인가?

예수님은 하나님의 나라가 가까이 왔다는 말씀을 선포하심으로막 1:14; 눅 4:14-19 공생애 사역을 시작하셨다. 예수님은 즉시 훈련을 위해 열두 명의 다양한 인물을 제자로 택하시고, 그들에게 "나라가 임하시오며 뜻이 하늘에서 이루어진 것 같이 땅에서도 이루어지이다"마 6:10라는 기도를 가르치신 후 "하나님의 나라를 전파하며 앓는 자를 고치게 하려고"눅 9:2 내보내셨다.

예수님은 지상에 계실 때 그 나라에 대한 복음을 반복적으로 설교하셨다. 그의 비유는 종종 그 나라의 특징을 보여준다. 하나님의 나라는 예수께서 이 땅에 머무르신 마지막 40일 동안 "하나님 나라의 일을 말씀"행 1:3하실 만큼 중요한 주제다. 바울은 은혜의 복음을 전했으나, 가는 곳마다 "하나님의 나라"에 대한 말씀도 전했다.행 19:8; 20:25; 28:23, 31

하나님이 왕이신 곳은 어디나 하나님 나라라고 할 수 있다. 이것은 왕이 누구냐에 달려 있다는 것이다. 하나님이 여러분의 삶을 주관하는 왕이시라면, "하나님의 나라는 너희 안에 있다."눅 17:21[KJV] 하나님이 여러분의 가정이나 단체의 왕이시라면, "하나님의 나라가 이미 너희에게 임하였다."눅 17:21[NLT] 성경은 우리에게 그 나라가 이곳에 임하였으나 아직 임하지 않았다는 이중적 해석을 가능하게 한다. 우리는 장차 하나님 앞에 설 마지막 날에 그 나라를 온전히 경험할 것이다.계 21:7 성령 충만한 소그룹은 하나님 나라의 특성들을 현재화한다.

하나님의 나라는 정치적 권력이 아니라 사랑의 관계다. 예수님이 원하시는 것은 성부 하나님과 자신이 누리는 것과 같은 관계의 속성을 우리도 가지게 해달라는 것이다. 예수님은 이 땅에 계실 때, 자기를 따르는 자들이 하나가 되게 해 달라고 기도하셨다.요 17:22 하나가 되기 위해서는 자신의 잘못을 회개하고 마음을 다하고 목숨을 다하고 뜻을 다하고 힘을 다하여 주 하나님을 사랑해야 한다.막 12:29-31 참조

예수님도 하나님께 책임을 져야 한다. 그는 제자들에게 "내가 아무 것도 스스로 할 수 없노라. … 나는 나의 뜻대로 하려 하지 않고 나를 보내신 이의 뜻대로 하려 하므로"요 5:30라고 말씀하셨다. 우리는 모두 마지막 날에 우리가 한 행위에 대한 책임을 져야 한다.

콘스탄티누스과 어거스틴을 따르는 자들은 교회 자체가 하나님의 나라라고 가르쳤다. 초기 아나뱁티스트도 완전한 교회가 되기를 간절히 원했다. 그러나 그들은 교회가 하나님 나라를 선포하고 그 나라를 맛볼 수는 있어도 교회가 하나님 나라는 될 수 없다고 생각했다.

초기 아나뱁티스트 신자들의 정체성은 하나님 나라를 어떻게 이해했느냐와 직결된다. 그들은 하나님의 나라와 세상

나라는 극명하게 대조된다고 생각했다. 하나님 나라의 사상과 삶에 대한 헌신은 그들을 개인주의적 신앙과 복잡한 교회 조직에서 벗어나게 했다. 그들은 이러한 헌신적 삶을 통해, 책임을 지는 살아 있는 공동체라는 강력한 개념을 발전시켰다.

우리는 교회에 대해 어떤 관점을 가져야 하는가?

교회는 종종 두 날개를 가진 새로 묘사된다. 한 날개는 대규모의 조직적인 회중인 데 반해, 다른 날개는 회중이 서로 마주 보고 앉은 작은 모임이다. 이 두 날개는 균형을 이루어야 한다. 교회의 교육 프로그램은 회중의 균형을 잡아주는 꼬리다.[57]

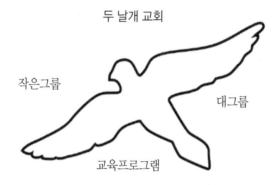

두 날개 교회

작은그룹

대그룹

교육프로그램

하나님은 언제나 크고 작은 모임을 통해 그의 목적을 이루셨다. 모세는 대규모 노예 집단을 이끌고 광야로 갔으나, 그의 장인 이드로는 그에게 전체 백성을 작은 그룹으로 나누라고 권했다. 예수님은 수천 명에 달하는 큰 무리를 가르쳤으나, 대부분 시간은 열두 명의 작은 그룹을 양육하는 데 보내셨다.

사도행전 2장에 따르면, 첫 번째 그리스도인은 성전 뜰에 대규모로 모여 사도들의 가르침을 받았다. 또한 그들은 서로의 가정에 모여 몇 사람씩 모여 함께 먹고 기도하며 교제를 나누었다. 그뿐만 아니라 그들은 서로 소유를 나눌 만큼 관대했다. 그들이 서로 격려하며 예수님처럼 살아야 할 책임을 다한 곳은 바로 작은 모임을 통해서였다.

이 초기 교회 성도들은 서로 좋은 관계를 유지했을 뿐만 아니라 공동체 안의 모든 사람은 백성에게 칭송을 받았다. 그 결과 "주께서 구원 받는 사람을 날마다 더하게"^{행 2:47} 하셨다. 초기 교회가 급속히 성장한 배경 중의 하나는 서로에 대한 사랑과 돌봄이다. 신학자 핑거^{Reta Halteman Finger}는 "상호 돌봄과 책임은 초기 기독교 공동체가 성장한 중요한 요인으로 보인다"[58]라고 말한다.

그러나 시간이 흐르면서, 한때 사역과 관계에 집중했던 열정은 사라지고 교리와 교회 체제 구축 및 교회당 건축에 치중했다. 교제와 나눔과 책임을 위한 소그룹 모임의 중요성에 대한 강조는 거의 사라졌다. 신자들은 소그룹을 통한 그리스도의 임재에 대한 경험 대신 성례를 통해 임재를 경험하라는 권면을 받았다. 서로를 위한 교제의 모임은 성찬 의식을 거행하기 위한 모임으로 바뀌었다. 예수께 순종하며 친밀한 공동체 의식을 경험하고 싶어 했던 자들은 분리되어 수도원과 수녀원을 찾았다.

교회를 신약성경의 초대교회처럼 바꾸고 싶었던 마틴 루터와 주요 개혁가들은 정부나 귀족층과 연합함으로써, 국가의 지원을 받는 대형교회 체제를 유지했다. 반면에, 아나뱁티스트 신자들은 초기 교회처럼 박해로 말미암아 가정이나 은밀한 장소에서 삼삼오오 모였다. 그들은 그곳에서 친밀한 교제와 용서와 격려를 통해 날마다 예수를 따르는 삶을 경험했다. 서로 마주 앉은 소그룹은 대규모 회중보다 여러 면에서 교회의 기본적인 단위처럼 보인다.

소그룹이란 무엇인가?

소그룹은 장소와 상황에 따라 다른 모습을 보인다. 로베르타 헤스테네스Roberta Hestenes는 북미 상황에서 소그룹은 대체로 "3-12명이 영적 성장과 지원을 위해 정한 시간에 의도적으로 마주 앉은 모임"[59]이라고 말한다. 모임의 숫자가 열두 명이 넘으면 소그룹이라고 할 수 없다. 소그룹보다 인원이 많을 경우, 줄지어 앉아 있는 모습을 흔히 볼 수 있다. 그들의 시선은 주제나 아젠다 또는 지도자에 초점을 맞추는 경향이 있다. 소그룹에서는 주로 서로의 얼굴을 볼 수 있게 둘러앉는다. 그들의 초점은 일반적으로 각 개인과 그들의 관심사 및 현재적 상황에 맞추어진다.

소그룹은 교회의 기본 단위다. 소그룹은 하나의 네트워크를 구축하여 회중을 형성한다. 마찬가지로 회중은 교단을, 교단은 보편적 교회를 형성한다.

소그룹에서는 어떤 일이 일어나는가?

소그룹은 사람들의 필요를 채워주고, 그룹 내 다른 지체의 필요를 채워주는 책임을 다하게 하는 공간을 제공한다. 소그룹은 신자에게 소속감을 심어주고 즐겁고 친밀한 교제와 함께 영적 성장의 장을 제공하는 역할을 한다. 신자들은 소그룹을 통해 재능을 발견하고 필요에 따라 서로 섬기며 자비와 긍휼을 베풀 수 있다.

나는 소그룹이 종교개혁 이후 교회에 나타난 가장 바람직한 현상이라고 믿는다. 종교개혁이 성경을 신자에게 돌려주었다면, 소그룹은 사역을 신자에게 돌려주고 있다. 열두 명 이하의 소그룹은 기본적 필요로 가장 효과적으로 채울 수 있는 곳이기도 하다. 교회가 성경을 연구하고 서로를 위해 기도하며 서로의 필요를 채워주는 곳이라면, 소그룹이야말로 이러한 조건에 최적화된 모임이라고 할 수 있다.

사람들은 자신의 필요를 채워주는 곳으로 간다. 그들은 배

소그룹에 기초한 교회

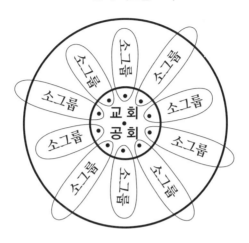

움이 필요할 때 학교로 간다. 그들은 의료적 도움이 필요할 때 의사를 찾아간다. 그들은 일과가 끝나면 음식을 먹고 휴식을 취하기 위해 집으로 간다. 친밀한 관계가 필요해서 소그룹을 찾는 사람들이 많으면 많을수록 더욱 의미 있는 영적 생활과 정서적 안정을 누릴 수 있을 것이다.

초기 아나뱁티스트 지도자들은 종교개혁 이상으로 수도원 운동의 영향을 받았을 것이다. 대부분 신자는 계속해서 성당이나 교구 교회에서 모였으나, 아나뱁티스트 신자들은 소그룹에서 만나 친밀한 교제와 함께 서로를 책임지는 삶을 살았다. 미국 메노나이트 교회의 사무총장 어빈 스투즈만은 "우리가 타인의 배려심을 가장 깊이 느끼고 힘든 삶을 극복하는 힘

을 받을 수 있는 곳은 작은 친교 모임을 통해서다"라고 주장한
다.[60]

교회에서 소그룹은 얼마나 중요한가?

캐나다와 미국 교회는 대부분 프로그램 지향적이다. 아래
도표에서 볼 수 있듯이 그들은 소그룹을 하나의 프로그램으로
인식한다.

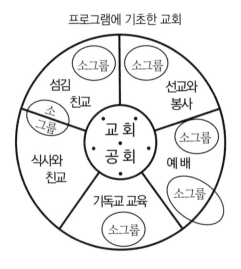

프로그램에 기초한 교회

프로그램 중심 교회에서 신자들은 교회 활동을 가장 중요
하게 생각한다. 프로그램의 하나로서 소그룹은 시간과 우선순
위에서 예배, 주일학교, 선교 프로젝트와 경쟁이 필요할 수 있
다.

이 유형의 교회가 가진 장점은 다양한 프로그램을 통해 여러 가지 주제와 활동을 제공할 수 있다는 것이다. 단점은 신자들이 어느 한 영역에 대한 심층적 접근이 어려워 기대만큼 성과를 내지 못하는 경우가 종종 있다는 것이다.

두 번째 유형은 소그룹 교회다. 이 유형의 교회에서 소그룹은 프로그램의 일부가 아니며, 회중 전체가 소그룹으로 구성된다. 모든 신자는 일차적으로 소그룹에 소속된 다음, 전체 회중의 일원이 된다. 소그룹 중심의 교회는 한 번에 한 주제에 집중한다. 때로는 주일날 선포될 설교의 개요가 소그룹의 토론과 적용을 위해 준비되기도 한다. 이러한 패턴은 교회와 성도들을 한 번에 한 주제에 집중할 수 있게 한다.

이 유형의 교회에서 소그룹은 교회의 핵심 조직이자 목회적 구조가 될 수 있다. 그룹의 리더는 종종 평신도 사역자의 역할을 하며, 성찬을 집례할 수도 있다. 소그룹 내에서 아픈 사람이 생기면 먼저 소그룹 지도자나 지체가 반응한다. 전체 회중의 목사가 모든 지체의 일상적 필요까지 채울 필요는 없다.

인디아나주 고센의 메노나이트 교회 총회는 전체 회중의 역할을 보여주는 좋은 사례가 된다. 이 총회의 가입은 소그룹별로 이루어진다. 소그룹은 친교와 연구 및 서로 돌아보고 섬길 수 있는 기회를 제공한다. 문제가 발생하면 먼저 그룹 내에서 논의가 이루어진 후 공회장로회에 보고된다. 공회에서 제기된 문제는 그룹별 논의를 거쳐 회부된다. 공회는 각 그룹의 대표자로 구성된다.

단순한 프로그램이 아닌 소그룹 교회는 별도의 친교위원회나 성인 주일학교나 선교 위원회가 필요 없다. 이러한 기능들은 소그룹에서 충분히 소화할 수 있기 때문이다. 소그룹은 번갈아 가며 예배 인도, 세미나 기획, 전교인 수양회 등을 담당할 수 있으며, 각 그룹의 지도자는 장로위원회로 섬길 수 있다.

온타리오주 오크빌에 있는 더 미팅 하우스는 기독교 형제단과 제휴를 맺고 있는 단체로, 오늘날 아나뱁티스트 소그룹 중심 교회의 모델이라고 할 수 있다. 이 교회는 중앙 캠퍼스에서 50마일 이내에 위치한 18개의 위성 교회로 구성되어 있다. 그들은 극장과 같은 곳에서 일제히 모임을 가진다. 각 교회는 자체 목사가 있지만, 설교는 오크빌 센터에서 진행되고 설교가 끝난 후에는 "가정 교회"라고 불리는 소그룹에서 일제히 토의가 이루어진다. 더 미팅 하우스는 모두 5천 명 이상의 신자가 있지만, 한 위성 교회 목사는 나에게 "교회를 진정으로 경험하고 싶다면, 소그룹의 일원이 되어야 합니다. 성도들이 모인 곳이면 어느 곳이든 소그룹이 될 수 있습니다"라고 말했다.

남반구 기독교의 성장 요인은 무엇인가?

에티오피아의 메세레테 크리스토스 교회Meserete Kristos Church
에 대한 이야기는 초대교회와 아나뱁티스트 교회의 본질이 무
엇인지를 재음미하게 해준다. 1982년 당시, 이 교단은 14개 교
회로 구성되었으며 전체 신자의 수는 5천 명을 넘었다. 그해
독재 정권은 이 교단의 목사들을 체포하고 강제로 교회를 폐
쇄했다. 교회 장로들은 이 문제에 능동적으로 대처했다. 그들
은 학습 가이드를 준비하고 모든 성도에게 7명 이하로 그룹을
지어 매주 가정에서 모임을 가질 것을 격려했다. 그룹이 성장
하여 아홉 명이 되면 새로운 그룹을 만들도록 권했다. 그들은
8년 동안 소그룹을 통해 양육을 받고 서로의 신앙생활을 책임
졌다.

정부의 규제가 풀리자, 14개 교회가 25개 교회로 늘어나고
5천 명에 불과했던 신자는 5만 명으로 불어난 사실에 모두가
놀랐다. 메세레테 크리스토스 교회는 계속해서 소그룹을 강조
했으며, 지금은 700개 교회, 40만 명의 성도로 성장했다.

사회학자 콘래드 카네기Conrad Kanagy에 따르면, 세계 교회,
특히 아나뱁티스트 교회는 남반구 기독교에서 가장 급속한 성
장세를 보였다.61 카네기는 공동 저자인 틸라훈 베예네Tilahun
Beyene와 리차드 쇼월터Richard Showalter와 함께, 지난 35년간 아
나뱁티스트 신자들은 아시아와 중앙아메리카에서 네 배로 늘
었으며, 아프리카에서는 칠 배나 성장했다고 주장한다.

이처럼 남반구 기독교에서 성장하는 교회들의 활력은 대부분 소그룹에 대한 강력한 강조에서 나온다. 한 에티오피아 복사는 나에게 "당신은 주일 오전 예배에는 빠질 수 있어도 수요일 밤에 가정에서 모이는 예배에는 꼭 참석해야 합니다. 그렇지 않으면 신앙을 잃을 수 있습니다"라고 말했다.

카네기와 베예네와 쇼월터는 "오늘날 북미와 유럽의 아나뱁티스트 사상은 초기 아나뱁티스트 사상과 다른 점이 있다. 그러나 남반구 기독교의 아나뱁티스트 사상은 16세기의 초기 아나뱁티스트 사상과 매우 유사하다"라고 주장한다.[62]

소그룹은 얼마나 자주 모여야 하는가?

일반적으로 소그룹은 자주 모일수록 그리스도와 가까워지고 상호 간에도 친밀해진다. 초기 교회와 초기 아나뱁티스트는 매주 한 차례 이상 모였다. 프로그램 중심적 교회처럼 매월 모이는 소그룹은 구성원에 대한 영향력이 제한된다. 구성원의 사상과 관계성과 자발적인 순종은 만나는 횟수에 따라 기하급수적으로 증가한다.

소그룹이 얼마나 자주 모여야 하느냐는 문제는 각자에게 공동체의 의미가 얼마나 중요한가에 달려 있다. 프로그램과 활동이 가장 중요하다고 생각하는 사람은 그것에 모든 열정과 시간을 쏟아부을 것이다. 그러나 친밀한 교제와 영적 성장 및

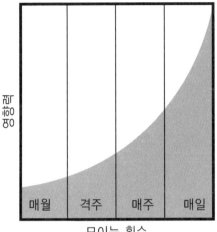

소그룹이 모이는 횟수와 영향력

영향력

매월　격주　매주　매일

모이는 횟수

바른 삶이 가장 중요하다고 생각하는 사람은 프로그램보다 매주 모이는 소그룹을 우선할 것이다. 소그룹으로 구성된 회중은 종종, 교회가 일차적으로 해야 할 일은 선교를 위한 지원과 교제임을 깨닫는다. 그들은 소그룹을 통해 공동체와 책임감을 경험한다.

아나뱁티스트 기독교의 핵심적 주장은 무엇인가?

초기 아나뱁티스트 시대처럼 오늘날에도 프로그램에 기초한 교회와 소그룹 중심의 교회 사이에는 뚜렷한 차이를 찾아볼 수 있다. 소그룹에 기초한 교회는 구성원과 그들이 다가가려는 자들의 성장과 평안에 초점을 맞춘다. 케어 그룹으로도 불리는 소그룹은 구성원의 필요를 채워주고 그들에게 다른 사람의 필요를 채우도록 도와주는 최고의 환경이 된다.

　우리는 앞서 예수님이 우리 신앙의 중심이라는 첫 번째 핵심 가치에 대해 살펴본 데 이어, 2부에서는 공동체가 우리 삶의 중심이라는 사실을 살펴보았다. 이제 우리는 세 번째 핵심 가치인 "화해는 우리 사역의 중심"에 대해 살펴볼 것이다.

토론을 위한 질문

1. 여러분은 최근 어떤 방식으로, 또는 어떤 곳에서, 기독교
   공동체를 경험하였는가?

2. 프로그램에 기초한 교회와 소그룹에 기초한 교회의 대조적
   인 관점에 대해 살펴보라.

소그룹이 프로그램의 일부인 교회	소그룹으로 구성된 교회
다양한 프로그램을 가진 조직으로서 교회관	친교 그룹으로 구성된 가족으로서 교회관
교회의 기본적 단위는 예배드리는 회중이다.	교회의 기본적 단위는 소그룹이다.
회중이 모이는 기본적 장소는 성전이다.	가정, 사무실, 식당도 회중이 모이는 장소가 될 수 있다.
신자들을 돌볼 책임은 주로 목사에게 있다.	그룹의 지도자와 구성원은 모두 돌보는 자다.
구성원은 프로그램에 대한 책임을 져야 한다.	구성원은 개인적 삶에 대한 책임을 져야 한다.

3. 여러분이 소그룹의 일원이라면, 구성원에게 어떤 필요를 채
   워주고 있는가?
   - 소속감   - 새신자 환영
   - 영적 성장   - 은사 발견

- 친교와 교제   - 섬김과 봉사
- 나눔과 기도   - 자비와 긍휼

4. 여러분의 그룹이 가장 우선해야 할 목적은 무엇이라고 생각
   하는가?
   - 교제와 사회적 관계에 대한 경험
   - 실제적인 나눔과 기도에 대한 경험
   - 성경 공부와 영적 성장에 대한 경험
   - 선교와 봉사에 대한 지원
   - 다른 목적:

제3부 ▶ 화해는 우리 사역의 중심이다

Reconciliation Is the Center of Our Work

제7장 • 개인은 하나님과 화해해야 한다

그런즉 누구든지 그리스도 안에 있으면 새로운 피조물이
라 이전 것은 지나갔으니 보라 새 것이 되었도다 모든 것
이 하나님께로서 났으며 그가 그리스도로 말미암아 우리
를 자기와 화해하게 하시고 또 우리에게 화해하게 하는
직분을 주셨으니 고후 5:17-18

그리스도를 따르는 사람 가운데 전도가 사역의 중심이라
고 말하는 사람도 있지만, 평화 조성이 가장 중요하다고 말하
는 사람도 있다. 사실, 전도와 평화 조성은 둘 다 중요하다.
우리의 세 번째 핵심 가치는 이러한 기독교 신앙의 두 가지 요
소를 화해라는 한 단어로 압축한다.

화해는 관계 회복과 관련이 있다. 그것은 갈등 관계에 있
는 사람이나 사상이나 원인을 화해시키거나 해소하는 것이다.
화해는 이전에 교제가 있었음을 전제하는 것으로, 한쪽이 상
처를 줌으로써 발생한 불화와 적대감은 해소되어야 한다.

7장에서는 우리가 어떻게 하면 개인적으로 하나님과 화해

하며, 다른 사람이 하나님과 화해하도록 도울 수 있는지에 대해 살펴볼 것이다. 8장에서는 어떻게 하면 교회 안에서 지체들이 서로 화해할 수 있는지 살펴볼 것이며, 9장에서는 세상에서 갈등 관계에 있는 자들을 어떻게 화해시킬 것인지 살펴볼 것이다.

화해에 필요한 요소는 무엇인가?

아나뱁티스트 신앙의 기본은 각 사람이 하나님의 용서를 받아들이고 기꺼이 순종하기 위해서는 개인적인 결단또는 일련의 결단들이 필요하다는 것이다. 초기 아나뱁티스트는 대부분 교회가 생각하는 것처럼 고백만으로 그리스도인이 되는 간단한 사법적 시민권이 적절하다고 생각하지 않았다. 그들은 하나님과 화해하기 위해서는 확실하고 분명한 결단이 필요하다고 믿었다. 그들은 "나더러 주여 주여 하는 자마다 다 천국에 들어갈 것이 아니요 다만 하늘에 계신 내 아버지의 뜻대로 행하는 자라야 들어가리라"마 7:21는 말씀을 종종 인용한다.

구체적인 결심은 특히 첫 세대의 아나뱁티스트 신자에게 중요했다. 그 후, 믿는 가정에서 태어난 아이들은 대체로 하나님의 은혜를 쉽게 받아들이고 예수님의 길을 따랐다. 첫 세대 아나뱁티스트 신자들과 믿는 자녀에게, 세례는 하나님의 은혜와 그의 길을 따라 살겠다는 결심과 소원을 선언하는 행위였다.

개인적 화해에서 우리와의 화해나 결심이 필요한 것은 하나님이 아니다. 하나님은 우리에게 죄를 범하거나 상처를 주지 않았으며, 다만 오랜 사랑으로 기다려주셨을 뿐이다. 잘못을 범한 것은 우리다. 하나님과 그의 뜻을 저버린 우리가 관계를 회복해야 한다.

우리가 하나님을 잘못 알고 있다는 사실도 문제다. 하나님은 그의 아들 예수를 이 땅에 보내시어 우리가 잘못 알고 있는 하나님과 화해하게 하셨다. 세상은 그가 자비와 긍휼함이 풍성하신 사랑의 아버지이지만 동시에 만물을 공의로 다스리시는 권능의 하나님이심을 알아야 한다. 이러한 하나님과 관계한다는 것은 매우 중요하다. 철학자 로버트 솔로몬Robert Solomon은 "이처럼 공의롭고 사랑이 많으신 하나님에 대한 믿음과 하나님의 사역에 대한 동참은 우리에게 현세와 내세에서도 공의가 작동할 것이라는 결론을 내리게 한다"[63]라고 말한다.

구원이란 무엇인가?

메노나이트 역사학자 아놀드 스나이더C. Arnold Snyder는 "내 생각에 아나뱁티스트 운동의 진수는 구원에 대한 이해에서 발견된다"[64]라고 말한다. 아나뱁티스트는 구원을 화해과 변화로 이해한다. 구원을 받았다는 것은 하나님 및 하나님의 가족과

하나님의 형상으로 창조됨

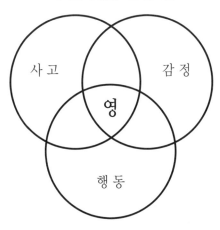

화해했다는 뜻이다. 우리가 하나님과 화해한 것처럼, 우리가 그리스도의 몸이 된 것처럼, 우리의 생각과 감정과 행동은 변화한 것이다.

아놀드 스나이더에 의하면, 급진적 아나뱁티스트 개혁가들은 이러한 중생, 또는 본성의 내적 변화가 가능하다고 믿었다. 그들은 하나님의 능력으로 "죄인이 성령으로 거듭나 변화를 받고 새사람이 되었다. 새사람은 자신의 삶 속에 하나님의 은혜가 살아 역사하는 성화의 삶을 산다"[65]고 믿었다.

변화는 목표다. 우리가 기꺼이 순종할 때, 하나님은 우리를 변화시킨다. 이러한 변화 자체가 기쁜 소식이다. 그것은 개인은 물론 그 개인과 관계된 자들에게도 복음이 아닐 수 없다. 하나님과의 진정한 관계는 사랑의 역사로 나타난다.[66]

소저너스Sojourners라는 잡지의 편집장인 짐 월리스Jim Wallis 는 변화의 과정 또는 구원의 여정에 대해 이렇게 말한다. "신약성경은 근본적 회심의 필요성을 강조하며, 전적으로 새로운 삶을 추구할 것을 요구한다. 따라서 회심은 단순한 감정적 표출이나 바른 교리에 대한 지적 동의 이상의 것이다. 그것은 삶의 방향을 근본적으로 바꾸는 변화다."67

초기 아나뱁티스트에게 날마다 예수를 따르는 삶은 율법을 지키는 문제가 아니라 하나님의 은혜와 중생으로 말미암은 결과다. 초기 아나뱁티스트학자 마펙Pilgram Marpeck은 "율법은 마음을 변화시킬 수 없다"고 말한다. "그것은 하나님과 하나님의 은혜로운 성령만이 할 수 있는 일이다."

아나뱁티스트는 구원을 가톨릭이나 개신교 신자들과 다른 관점에서 보았다. 그들은 원죄를 믿지 않으며, 따라서 영원한 형벌에서 구원받기 위해 유아세례나 성례가 필요하다고 생각하지 않았다. 특히 대부분 아나뱁티스트는 모든 구원의 책임을 하나님께 돌리는 예정을 믿지 않았다. 그들은 구원은 하나님의 은혜로 받지만, 개인은 하나님의 은혜와 초청을 받아들이거나 거부할 결정을 해야 한다고 주장했다. 또한 아나뱁티스트는 이신칭의 자체는 구원에 대한 바른 이해라고 생각하지 않았다. 그들은 성령의 변화시키는 사역과 날마다 예수를 따르는 헌신이 필요하다고 믿었다.

어떤 변화가 일어나야 하는가?

우리는 성령의 변화시키는 사역에 대해 어떻게 이해해야 하는가? 첫째로, 우리는 이 변화가 하나님의 일임을 알아야 한다. 하나님의 도우심이 없다면, 아무도 자신의 부족을 극복하고 그리스도와 같은 삶을 살 수 없다. 우리가 자신의 의지로 외적 행위를 바꿀지라도, 하나님만이 우리의 마음과 내면의 영을 바꿀 수 있다.

아나뱁티스트에게 그리스도를 통한 구원은 하나님께 복종하고 전적으로 다른 삶을 살기 위한 능력 있는 새 사람으로 바뀌는 것이다. 아나뱁티스트가 생각하는 화해 개념에는 이러한 온전함이 포함된다.

사람이 하나님과의 관계를 회복하면, 그는 자신이 겪고 있는 갈등이나 악에서 구원 또는 건짐을 받은 것이다. 그런 악과 갈등의 영역은 다양하다. 복음전도자인 마이런 옥스버거Myron Augsburger는 "메노나이트의 복음은 '몸과 혼과 영'의 전인 구원을 추구한다."[68]라고 말한다. 캐나다 메노나이트 성경대학의 고 데이빗 슈뢰더David Schroeder교수는 "우리는 구원을 받을 때, 자신이 정확히 어떤 상황에서 구원을 받았는지 구체적으로 제시할 수 있어야 한다"[69]라고 주장한다. 아래 삽화에서 볼 수 있듯이, 하나님의 변화 사역은 창조와 타락과 구속으로 묘사될 수 있다.[70]

하나님의 형상으로 창조됨

본질상 영이신 우리 하나님은 생각하고 느끼며 행동하시는 하나님이시다. 이처럼 생각하시는 하나님은 우주와 그 안의 모든 만물을 창조하셨다. 감정을 느끼시는 하나님은 긍휼과 의로운 분노를 표출하신다. 행동하시는 하나님은 이스라엘 백성을 종살이에서 구원하셨으며, 계속해서 우리를 온갖 속박에서 구원하신다.

우리는 하나님의 형상대로 창조되었기 때문에 생각하고 느끼며 행동하는, 본질상 영적인 존재다. 우리의 실제적 자아는 내적 영이다. 그것은 눈에는 보이지 않지만, 우리가 누구며 어떤 존재인지를 결정한다. 우리의 신체는 우리의 영을 표현하는, 눈에 보이는 구조다. 하나님의 영이 우리 안에 거하시면, 우리는 하나님을 드러내는 방식으로 생각하고 느끼며 행하게 된다.

죄로 인한 타락

불행히도 우리 인간은 모두 타락하여 "하나님의 영광에 이르지 못"롬 3:23했다. 우리의 존재 중심에는 하나님의 영 대신, 자아가 자리 잡고 있다. 다음의 도표는 타락한 죄인의 상태를 잘 보여준다.

미국 메노나이트 교회의 웹사이트 "목적 있는 계획"Purpose-

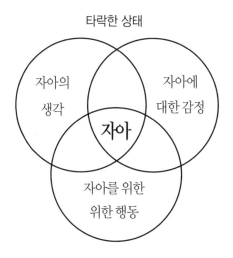

타락한 상태

자아의
생각

자아에
대한 감정

자아

자아를 위한
위한 행동

ful Plan에서 교단의 지도자들은 이렇게 주장한다. "하나님의 형
상대로 창조된 인간은 죄로 말미암아, 창조주의 목적에 이르
지 못하고 하나님의 형상에 흠을 내었으며 세계 질서를 혼란에
빠트리고 이웃에 대한 사랑을 제한했다. 그러므로 우리는 예
수 그리스도의 화해의 능력을 통해 의의 길을 추구하거나, 하
나님 및 다른 사람들과 '바른 관계'를 형성해야 한다."71

우리의 중심에 하나님의 영 대신 자아가 자리 잡으면, 자
신의 생각을 추구하고, 자신의 감정에 사로잡히며, 자신을 위
한 이기적 행동을 하게 된다. 우리는 비록 그런 생각과 감정과
행동이 타인에게 상처를 줄지라도 그렇게 한다. 사도 바울은
"만일 너희 속에 하나님의 영이 거하시면 너희가 육신에 있지
아니하고 영에 있나니 누구든지 그리스도의 영이 없으면 그리

스도의 사람이 아니라"롬 8:9라고 했다. 자기중심적 삶의 삯 또는 결과는 열정과 바른 관계와 소망을 상실한 사망에 이르게 된다.롬 6:23 참조

우리의 믿음은 감정을 지배하고, 감정은 행동을 지배한다. 사고방식은 감정적 태도에 영향을 미치고, 어떻게 느끼느냐는 행동 방식에 영향을 미친다. 자아가 지배하면 자기중심적 사고와 태도와 행동을 하게 된다. 사도 바울은 "악한 자아를 따르는 자는 악한 자아가 원하는 것을 생각한다[육신을 따르는 자는 육신의 일을 … 생각하나니]"롬 8:5, NCV라고 했다.

그리스도에 의한 구원과 변화

예수님은 우리에게 "회개하고 복음을 믿으라"막 1:15는 초청으로 사역을 시작하셨다. 변화를 위해서는 옛 생각과 감정과 행위에서 돌아서는 회개가 필요하다. 다렌 펫커Darren Petker 목사는 "성령은 우리의 옛 행위와 관습과 악한 태도에 대한 죽음을 통해 우리의 삶을 새롭게 하신다"고 말한다. "성령은 우리가 옛 습관과 사고방식에 대해 죽을 때 우리를 계속해서 새롭게 하심으로써 그 자리에 새로운 생명이 뿌리내리게 하신다. 예수님은 새로운 생명이 시작되기 위해서는 죽음이 필요하다는 사실을 잘 알고 계셨다. 그는 자신의 생명을 내려놓으심으로 그의 부활의 능력이 우리를 변화시키게 하셨다."[72]

우리는 자기중심적 생각과 태도와 행위를 회개하고 하나님의 영이 우리의 삶을 주관하시게 할 때 변화를 받는다. 다음의 도표는 변화된 사람의 상태를 보여준다.

변화된 사람

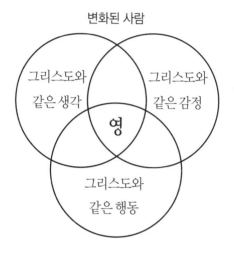

초기 아나뱁티스트 지도자들은 성령의 변화시키는 능력에 대해 강조했다. 그들은 성령이 신자들에게 날마다 예수를 따르는 삶을 가능하게 하셨다고 믿었다. 그들은 하나님이 원하시는 대로 변화를 받는 것이 가능하다고 믿었다. 그들은 새로운 가치관과 제자도와 내적 능력으로 새로운 시작을 하는 "거듭남"이 가능하다고 믿었다. 그들은 새로운 내적 영을 통해 그리스도처럼 생각하고 느끼며 행동하는 것이 가능하다고 확신했다.

우리는 어떤 모습으로 나타나야 하는가?

우리의 중심에 새로운 영이 자리 잡으면, 새로운 정체성을 가지게 된다. 우리의 생각과 감정과 행위는 새로운 실체를 가진 것이다. 우리는 자아에 사로잡혀 사는 대신, 베푸는 삶을 산다. 새들백 공동체 교회의 릭 워렌Rick Warren목사는 "기독교는 종교나 철학이 아니다"라고 말한다. "기독교는 관계와 생활 방식이다. 이런 삶의 핵심은 예수님처럼 자신이 아니라 다른 사람을 생각하는 것이다. 다른 사람을 생각한다는 것은 그리스도를 닮는 삶의 핵심이며, 영적 성장을 가장 잘 보여주는 증거다."[73]

우리는 교생이 되어야 한다

우리는 사고방식에 있어서 교생의 모습으로 나타나야 한다. 사도 바울은 "오직 마음을 새롭게 함으로 변화를 받아"롬 12:2라고 했다. 그는 이처럼 변화된 정체성에 대해 "너희 안에 이 마음을 품으라 곧 그리스도 예수의 마음이니"빌 2:5라고 했다.

우리가 예수님의 삶과 가르침과 사역에 대해 배울 때 예수님처럼 생각하기 시작하며, 가족과 친구와 이웃에 대해 말할 때 배운 것을 가르치기 시작한다. 다시 말하면 교생이 되어야 한다는 것이다. 우리는 예수님에게 배우는 학생이자, 배운 것을 다른 사람에게 전하는 선생이다.

우리는 용서받은 화해자가 되어야 한다

우리는 감정에 있어서, 용서받은 화해자로 나타나야 한다. "서로 친절하게 하며 불쌍히 여기며 서로 용서하기를 하나님이 그리스도 안에서 너희를 용서하심과 같이 하라."엡 4:32 우리는 변화된 자로서 옛 감정을 버리고 다른 사람에 대해 하나님이 우리를 대하신 것과 같은 새로운 태도를 발현하기 시작해야 한다. 성령은 우리가 하나님에게 받은 "사랑과 희락과 화평과 오래 참음과 자비와 양선과 충성과 온유와 절제"갈 5:22-23를 다른 사람에게 제공할 능력을 주신다. 하나님의 은혜로 말미암아 용서받은 화해자가 되었다. 우리는 용서받은 대로 용서하고 그들이 화해자가 되도록 도와주어야 한다.

우리는 섬김의 지도자가 되어야 한다

우리는 행위에 있어서 섬김의 지도자로 나타나야 한다. 하나님은 우리에게 적어도 한 가지 이상의 재능을 주셨다. 우리는 재능을 사용함으로써 그 분야의 사역에 더욱 능숙한 지도자가 된다. 베드로는 "각각 은사를 받은 대로 하나님의 여러 가지 은혜를 맡은 선한 청지기 같이 서로 봉사하라"벧전 4:10고 했다. 우리가 예수님을 새로운 주인으로 모시면, 우리의 행동과 운영방식은 달라진다. 우리는 다른 사람을 "임의로 주관하는" 집권자가 되려는 열망에서 벗어나 "섬김을 받으려 함이 아니라 도리어 섬기려" 오신마 20:25, 28 예수님을 따르는 자가 되기를 원한다. 우리는 하나님의 은혜와 예수님의 모범을 통해, 하나님이 주신 재능을 다른 사람을 위해 사용하는 섬김의 지도자가 되어야 한다.

메노나이트 형제 캐나다 총회의 사무총장인 윌리 라이머 Willy Reimer는 "지성, 경험, 교육은 모두 당면한 상황에 적용되어야 한다"고 주장한다. "우리는 성령께서 각자에게 주신 영적 은사를 활용해야 한다. 지혜, 믿음, 지식의 말씀, 분별력 및 예언과 같은 은사들은 우리가 섬기는 공동체에 복을 주시기 위한 것이다."[74]

우리는 어떻게 다른 사람이 하나님과 화해하고 변화를 받을 수 있게 도울 수 있는가?

아나뱁티스트는 자신을 하나님의 관계 회복 사역을 돕는 동역자로 생각한다. 그들은 하나님이 "그리스도로 말미암아 우리를 자기와 화해하게" 하는 것을 원하시며, 또한 그가 우리에게 "화해하게 하는 직분"을 주셨다고 믿는다.고후 5:18

사도들은 "너희는 온 천하에 다니며 만민에게 복음을 전파하라 믿고 세례를 받는 사람은 구원을 얻을 것이요"막 16:15-16

라는 예수님의 말씀을 그대로 믿는다. 사도들은 다른 사람을 찾아가 그들이 하나님과 화해하고 예수님을 따를 결심을 할 수 있게 도와주었다. 박해를 받아 예루살렘에서 쫓겨난 사도들은 세계 곳곳으로 다니며 제자를 삼고 교회를 세웠다.

크리스텐덤은 초기 교회와 달리, 개인의 의사결정과 내적 변화를 존중하지 않았다. 콘스탄티누스를 비롯한 황제들은 내적 변화보다 명령과 강압으로 기독교 신앙과 제국을 확장하고자 했으며, 신앙은 이름뿐이었다.

중세 시대와 종교개혁 이후 가톨릭과 개신교 지도자들은 예수님의 지상명령이 성취되었다고 믿었다. 그들은 자신의 국가나 지역에서 유대인과 일부 불신자를 제외한 모든 시민이 그리스도인이 되었다고 생각했다. 그들의 주된 임무는 모든 시민이 성례를 거행하며 교회와 지도자들이 정한 법에 충성함으로써 더욱 나은 그리스도인이 되도록 돕는 것이었다.

아나뱁티스트 그리스도인은 이러한 기독교 개념을 거부했다. 그들은 모든 사람이 예수 그리스도와 자발적이고 인격적인 관계를 맺으려는 결심을 해야 한다고 믿었다. 그 결과, 초기 아나뱁티스트는 초기 사도들처럼 지상명령을 문자적 명령으로 받아들였다. 성령의 능력을 받은 그들은 16세기의 크리스텐덤 안에서 복음을 전하는 전도자들이 되었다. 역사가 프랭클린 리텔Franklin Littell은 다음과 같이 기록한다. "그들은 진정한 능력은 법적 교회나 지역 교회에 있는 것이 아니라 그들 가운데 계시는 성령께 있다고 믿었다. 따라서 개신교가 3백 개에 이르는 주 딩국을 기독교화하려고 애쓸 때도, 아나뱁티스트는 회개와 하나님 나라를 전할 수 있는 곳이면 어디든 선교사를 보냈다. 그들은 '땅과 거기에 충만한 것'이 주의 것이라는 시편 기자의 말씀을 따라, 복음이 선포되지 못할 곳은 없다고 확신했다."[75]

아나뱁티스트의 핵심 지도자들은 유럽 전역을 다니며 사람들을 하나님과 화해하게 하고 상호 간에 화해하게 하는 사역에 인내와 열정을 쏟았다.[76] 고고학자들에 따르면 16세기 중반 무렵 아나뱁티스트 선교사는 독일, 호주, 스위스, 네델란드 및 프랑스에서 말씀을 전파했으며, 북으로는 덴마크와 스웨덴까지, 남으로는 그리스와 콘스탄티노플까지 간 선교사들도 있었다.

모든 청중은 세례를 받고 예수님과 새로운 관계를 맺기로 고백하는 결심을 하도록 초청을 받았다는 것은 분명하다. 아나뱁티스트 선교사 레오날드 바웬스Leonard Bouwens의 일기에는 만 명 이상의 사람들에게 세례를 베푼 정확한 날짜와 장소가 기록되어 있다. 다른 아나뱁티스트 설교가들 역시 수천 명의 회심자에게 세례를 베풀었다. 그러나 그보다 인상적인 것은 그리스도의 생명으로 충만한 수백 명의 평신도가 그들의 삶을

통해 수많은 친척, 이웃, 친구들에게 선한 영향력을 주고 그들의 죄를 드러내게 했다는 증거다.[77]

역사학자 한스 카스도르프Hans Kasdorf는 "활발한 전도 활동을 한 것은 지도자들뿐만이 아니다. 학문적 교육을 받은 목회자나 평신도 사역자 사이에는 어떤 차이도 없었다. 모든 신자가 잠재적인 설교자이자 전도자이며, 초대교회에서 볼 수 있는 것처럼 각자가 자신의 능력에 따라 얼마든지 풍성한 열매를 거둘 수 있었다."[78]

그러나 순종에 따른 희생은 컸으며, 급속한 성장은 단명했다. 1527년 8월, 60명의 지도자는 선교 회의를 위해 독일 아우구스부르크에 모였다. 그들은 순회 전도자로 다니며 복음을 전하고 회심자에게 세례를 베풀었으며 교회를 조직하고 새신자를 양육했다. 그들은 극심한 박해와 순교를 당하면서도 만남을 지속했다. 이 운동이 50주년을 맞았을 때, 원래의 60명 가운데 두세 명만 살아남았다. 아미쉬가 지금도 예배에 사용하고 있는 당시 찬송가인 아우스분트Ausbund에는 저자명 외에도 "1525년 화형", "1526년 수장", "1527년 교수형"과 같은 짧은 전기적 언급이 포함되어 있다. 이름을 알 수 있는 순교자의 수만 해도 2천 명이 넘고, 약 4-5천 명의 "남자와 여자, 아이들이 수장되거나 화형을 당하거나 목 베임을 당했다."[79]

불행히도, 박해로 핵심 지도자들을 잃은 아나뱁티스트 운동은 점차 퇴조했다. 가정과 마을에서 쫓겨난 신자들은 새로운 공동체에 모여 신앙생활을 유지했으나, 그 이상 확장되지는 못했다.

오늘날 아나뱁티스트는 사람들이 하나님과 화해할 수 있도록 다양한 방식으로 도와주고 있다. 이천 명 이상이 모인 국제 메노나이트 전도 세미나에서, 대표자들은 구도자에게 그리스도를 따르는 결심을 하도록 돕는 방법에 대한 다양한 방식을 제시했다. 그들이 제시한 내용에는 평화에 대한 증언, 청소년 사역, 대중매체 활용, 사회적 행동, 드라마, 음악, 설교, 교육, 의료 봉사, 개인적 방문 및 소그룹 등 다양한 방식이 포함되어 있다.[80]

아나뱁티스트 기독교의 핵심적 주장은 무엇인가?

아나뱁티스트는 신앙과 자발적 순종은 함께 간다고 믿는다. 구도자들은 하나님의 은혜를 받아들이고 날마다 예수를 따르겠다는 의지와 결심을 보여주어야 한다.

아나뱁티스트는 우리의 삶을 하나님의 영에 맡기면 우리의 본성생각과 태도와 행동을 포함하여이 변화한다고 믿는다. 이러한 아나뱁티스트 신앙은 자신의 본성은 여전히 악하지만 개인의 영적 경험이나 교회의 일원이 되는 것으로 구원을 얻는다는 많은 사람의 편협한 관점과 대조를 보인다.

헌신된 제자 공동체는 변화된 삶을 산다. 간혹 일어나는 갈등은 어쩔 수 없다. 공동체 구성원 간에 긴장된 관계가 조성될 때, 서로 화해할 방법이 있는가? 다음 장에서는 이것이 가능하며, 또 가능할 수밖에 없다는 사실에 대해 살펴볼 것이다.

토론을 위한 질문

1. 하나님과의 관계를 방해하는 잘못은 무엇인가? 우리는 어떻게 하나님과 화해할 수 있는가?

2. 기독교 신앙 안에서 볼 수 있는 구원과 화해에 대한 대조적인 관점에 대해 살펴보라.

대부분 그리스도인의 강조점	아나뱁티스트 신자들의 강조점
사역의 중심은 전도나 평화 조성이다.	사역의 중심은 화해다.
그리스도인이 된다는 것은 기독교 가족이나 교회의 일원이 되는 것이다.	그리스도인이 된다는 것은 하나님의 은혜와 기쁜 순종으로의 초청을 받아들이는 것이다.
구원을 받았다는 것은 영원한 지옥 형벌로부터 건짐을 받았다는 의미다.	구원을 받았다는 것은 하나님 및 하나님의 가족과 화해했다는 의미다.
구원은 일반 사면 및 죄사함을 의미한다.	구원은 죄에서 특별한 건짐을 받았다는 의미다.
구원은 개인의 영적 경험이며 우리의 본성은 여전히 악한 상태로 남아 있다.	구원은 변화적 경험이며, 우리의 본성은 변화된다.
전도는 특별한 은사다.	전도는 모든 신자의 책임이다.

3. 아나뱁티스트가 박해와 순교에도 불구하고 그처럼 열정적으로 전도할 수 있었던 배경은 무엇인가?

4. 여러분이나 여러분의 교회는 개인을 하나님과 화해하게 하려고 어떻게 돕고 있는가?

제8장 • 신자는 서로 화해해야 한다

그러므로 예물을 제단에 드리려다가 거기서 네 형제에게
원망들을 만한 일이 있는 것이 생각나거든 예물을 제단
앞에 두고 먼저 가서 형제와 화해하고 그 후에 와서 예물
을 드리라 마 5:23-24

　　다른 조직과 마찬가지로, 가정이나 교회의 구성원은 갈등
을 겪을 때가 있다. 모든 교회와 교단도 그렇지만, 예수님과
제자들과 초기 아나뱁티스트도 갈등을 겪었다. 중요한 것은
신자들이 어떻게 갈등을 해소하여 관계를 유지하거나 회복하
느냐는 것이다.

　　갈등은 개성, 신조, 목표, 규칙, 문화, 형식의 차이에 기
인한다. 그리스도의 제자들은 종종 견해차를 솔직하게 드러냈
다. 이러한 견해차는 정당한 것으로, 모든 갈등이 죄 때문인
것은 아니다. 바울과 바나바는 마가를 어떻게 활용할 것인가
를 두고 견해차를 드러냈다. 그 결과, 전도대가 두 팀으로 나
뉘어 활동했다. 이 과정에 죄는 개입되지 않았다. 행 15:39-41 참

조

우리는 불쾌한 마음 없이 견해차를 드러낼 수 있다는 사실을 알아야 한다.[81] 갈등 해소는 문제에 초점을 맞추지만, 화해는 관계에 초점을 맞춘다. 관계는 갈등이 해소되지 않아도 회복될 수 있다.

화해 사역은 서로 갈등 관계에 있는 사람들 간의 건강한 관계를 발전시키기 위해 힘쓴다. 그리스도의 제자들은 갈등이 발생할 때 즉각 옳고 그름을 따지기보다 "화해를 생각하라"는 권면을 받는다.

8장에서는 교회가 어떻게 갈등을 해소했으며, 특별히 아나뱁티스트가 긴장이나 깨어진 관계를 어떤 방식으로 수습했는지 살펴본다.

교회는 갈등을 어떻게 해소했는가?

예수님은 제자들 사이에 일어난 갈등을 해소해야 하셨다. 예를 들면, 제자들은 하나님 나라에서 누가 큰 자인가를 두고 서로 다투었다.눅 9:46-48 참조 또한 제자들은 예수께서 유월절에 예루살렘으로 올라가시겠다고 하자 극구 반대했다.마 16:21-23 참조 그러나 예수님은 이러한 갈등의 시간을 이용해서 교훈을 가르치고 서로의 관계를 더욱 돈독히 하셨다.

안타깝게도, 교회사에 나타난 지도자들은 대부분, 다른 생각과 행동에 대해 가혹한 형벌로 다루었다. 지도자들은 잘못된 지체가 엄격한 처벌을 받으면 그들의 태도나 말이나 행동을 바꿀 것이라고 믿었다. 생각이 다른 자는 교정이 필요한 범죄자로 보았으며, 이단은 사형을 받아 마땅하다는 것이다. 가톨릭 당국은 이단을 화형에 처했으며, 개신교는 참수하거나 수장시켰다.

역사학자 월터 클라센Walter Klaassen은 "오늘날 우리가 박해라고 부르는 것은 16세기 교회에서는 교회 징계에 해당한다"고 말한다. "교회 당국은 항상 아나뱁티스트를 잘못된 교인으로 생각했으며, 따라서 그들에 대한 책임을 느꼈다. 교회 당국의 징계는 때로 엄격했으며, 투옥, 고문, 추방, 재산 몰수는 물론 사형도 서슴지 않았다. 최종적 징계로서 사형 선고는 오랜 역사를 가지고 있다. 잘못된 이단을 제거하는 유일한 방법은 생명을 빼앗는 것이었다."[82]

초기 아나뱁티스트는 갈등을 어떻게 다루었는가?

아나뱁티스트 지도자들은 가톨릭 및 개신교 지도자들과 다른 방법을 택했다. 그들은 세상 정부가 분쟁을 해결하기 위해 검을 사용하는 것은 있을 수 있는 일이라고 생각했으나, 교회가 징계를 위한 수단으로 고문이나 투옥, 사형제도를 활용하는 것은 합법적이라고 생각하지 않았다.

초기 아나뱁티스트 지도자들은 교회가 오랫동안 묵인해온 거짓 맹세, 폭력, 술 취함, 방탕한 생활은 마땅히 처리되어야 한다고 주장했다. 그러나 그들은 이러한 문제들을 그리스도의 방식으로 해결해야 한다고 생각했다. 따라서 그들은 가혹한 형벌 대신 소위 그리스도의 원칙을 채택했다. 그리스도의 원칙은 날마다 예수를 따르는 삶을 더 이상 살지 않는 자들이나 이단을 다루는 가장 중요한 원리가 되었다.

그리스도의 원칙에 따르면, 마태복음 18장에 기록된 대로 죄를 범하거나 이단에 빠진 자에 대해 지도자들은 다음 절차를 밟아야 한다.

1. 가서 당사자만 상대하여 직접 권고한다. "만일 들으면 네가 네 형제를 얻은 것이요."마 18:15 우리는 동양 문화 등 많은 문화에서 가족 간의 갈등을 해소하기 위해 중재자가 필요하다는 사실을 인정해야 한다

2. 객관적인 판단을 위해 도움을 청하라. "만일 듣지 않거든 한두 사람을 데리고 가서 두세 증인의 입으로 말마다 확증하게 하라."마 18:16

3. 이 문제를 교회로 가져가라 "만일 그들의 말도 듣지 않거든 교회에 말하고."마 18:17 교회에 말한다는 것은 오늘날 당회에 보고한다는 의미일 것이다.

4. 그를 나가게 한다. "교회의 말도 듣지 않거든 이방인
   과 세리와 같이 여기라."마 18:17 그는 교인 명부에서
   삭세되고 불신자처럼 화해가 필요한 전도 대상 리스트
   에 등재된다.

화해 주기란 무엇인가?

갈등 조정 전문가인 론 크레이빌Ron Kraybill은 소위 "화해
주기"reconciliation cycle라는 도구를 개발했다. 이것은 갈등에 개
입하여 그리스도의 원칙을 적용하는 방식이다. 많은 사람은
이 방식을 통해 서로 화해하는 방법을 배웠다.

남아프리카 민족평화협정 고문으로 활동한 크레이빌은 인
종차별정책이 철폐된 후 현지인과 함께 일하면서 얻은 경험에
기초하여 이 주기를 고안했다.[83] 크레이빌과 국제연합 직원을
비롯한 많은 사람은 이 방식을 다양한 분쟁 상황에 적용했다.

갈등 해소는 문화에 따라 달리 적용되지만, 우리는 "화해
주기"를 개인이나 단체 간의 갈등 해소 및 관계 회복의 기초
모델로 사용할 것이다. 이 모델은 상황이나 문화에 따라 약간
의 수정을 필요로 한다.

다음 도표는 화해 주기의 7단계에 대해 보여준다.

나는 4장에서, 첫 번째 목회지에서 경험한 신도 대표 버논
과 장로회장 존의 갈등 상황에 관해 기술한 바 있다. 기억하겠

지만, 버논은 회중 모임에서 존의 제안에 대해 "어리석다"는 핀잔을 줌으로써 그에게 상처를 입혔다. 다음은 버논과 존이 어떻게 화해 주기에 따라 화해했는지를 보여준다.

화해주기

1. **건강한 관계**: 원래 버논과 존은 건강한 관계였다. 두 사람은 흉금을 터놓고 말하는 사이로, 서로를 신뢰하고 약속을 지켰다.

2. **상처**: 버논은 회중 모임에서 존의 제안 가운데 하나에 대해 "어리석다"고 말함으로써 그에게 상처를 입혔다. 상처는 다른 사람에게 해를 끼치는 태도나 말이나 행동을 가리킨다. 그들의 신뢰와 우정은 단 한 번의 상처로 주일날 아침에도 말을 하지 않는 지경까지 이르렀다.

3. **부인**: 처음에 버논은 "농담이었다", "그런 뜻으로 한 말이 아니다", "존이 지나치게 민감하다"와 같은 말로 자신이 상처를 준 사실을 부인했다. 부인은 마치 그런 사실이 없는 것처럼 행동하거나 변명 또는 비난함으로써 진실을 말하기를 거부하는 행위다. 이러한 거부는 가해자에게 일시적 도피처는 될지 모르지만, 결국 사태를 더욱 악화시키게 된다.

4. **대면**: 나는 화해를 위해 버논과 마주한 후, 두 사람을 불러 대면하게 했다. 나는 이 만남이 안전한 장소에서 이루어질 것이며, 어떤 방해나 반박도 받지 않을 것이라는 점을 분명히 했다. 순조롭게 진행되기만 한다면 이런 대면은 가해자가 진실에 직면하는 데 큰 도움이 될 수 있다.

5. **고백**: 두 사람이 대면한 자리에서 나는 먼저 상처를 입은 장로 존에게 자신이 느낀 수치심과 상처와 분노를 솔직하게 털어놓게 했다. 신도회장 버논은 반박 없이 듣기만 하게 했다. 존이 말하는 동안 버논은 존의 상처가 심각하다는 사실을 알게 되었다. 그는 회개하는 마음으로 존에게 "나는 내가 한 말의 내용과 말하는 태도가 잘못되었다는 사실을 알게 되었습니다"라고 말했다. 고백은 자신이 한 말이나 행위에 대한 진실을 말하는 것이다. 그것은 종종 갈등 해소의 전

환점이 된다.

6. **용서**: 버논은 존의 얼굴을 바라보며 "나를 용서해주시겠습니까?"라고 물었다. 잠시 후, 존은 손을 내밀며 "네, 용서하겠습니다"라고 말했다. 두 사람은 포옹했으며, 다음 주일 그들은 함께 현관에 서서 다정하게 대화를 나누었다. 용서는 상처를 치유하는 한 방식이다. 그것은 존처럼 상처를 입은 피해자가 버논과 같은 가해자가 갚아야 할 부채나 상처를 흡수하는 것이다. 존은 이러한 용서를 통해 보복 행위나 복수심에서 벗어나게 된다.

7. **보상**: 다음 신도 모임에서 버논은 존의 양해를 구한 후, 회중에게 자신이 지난 모임에서 존에게 상처를 입힌 것과 존이 관대하게 용서한 사실에 대해 말했다. 보상은 자신이 끼친 손해나 손실이나 상처에 대한 변제나 손해배상을 의미한다. 이러한 보상의 목적은 가해자가 물건이나 관계를 원래의 상태로 되돌리려는 시도를 통해 자신이 깊이 뉘우치고 반성하고 있음을 보여주는 것이다. 버논의 고백으로 존에 대한 존경심이 회복되었으며, 회중에 대한 탁월한 리더십이 드러나게 되었다.

갈등을 해소하는 다른 방법으로는 어떤 것이 있는가?

그리스도의 원칙과 더불어, 사도들은 갈등 해소를 위한 또 하나의 전형을 보여준다. 예를 들면, 사도행전 6장에서 과부들에 대한 구제가 간과되자 사도들은 이 문제를 여러모로 살펴본 후 한 가지 해법을 제시한다. 여기서는 모든 공동체가 참여하여 일곱 사람을 택한 후 그들에게 식량을 분배하는 일을 맡겼다.행 6:1-7 그들은 이러한 방식으로 문제를 해결했다.

그 후, 개종한 이방인에 대한 처리 문제로 의견이 갈리자 관계자들이 소위 예루살렘 공회로 모였다. 공회는 성경과 전승과 경험, 그리고 살아계신 예수의 임재하심을 통해, 그리스도의 제자가 되기 위해 중요한 것이 무엇인지를 분별했다. 그들은 기본적인 진리 위에 굳게 서되 비본질적인 문제에 대해서는 유연하게 대처하기로 했다.행 15:1-29

사도 바울은 고린도교회가 신자 간의 분쟁을 세상 법정을 통해 해결한다는 사실을 알았다. 그는 "너희 가운데 그 형제간의 일을 판단할 만한 지혜 있는 자가 이같이 하나도 없느냐"고전 6:5라고 물었다. 사건을 법정으로 가져가면 문제가 해결될 수 있으나, 많은 사람은 이런 방식이 관계 회복에 도움이 되지 못한다는 사실을 알고 있다.[84] 이런 이유로, 갈등 관계에 있는 사람들에게 모두가 이기는 해법을 모색하게 돕는 것이 바람직하다. 이것은 공통적 목적에 도달하기 위해 양자가 머리를 맞대고 협력할 것을 요구한다. 어떤 방법을 찾아내든, 화해를 통해 관계를 회복하고 강화해야 한다.

공동체는 어떤 책임을 져야 하는가?

어거스틴과 루터는 참된 교회는 인간의 눈에 보이지 않는다고 믿었다. 하나님만이 누가 진정한 신자인지 알 수 있다는 것이다. 그러나 아나뱁티스트는 그 사람의 태도와 말과 행위를 통해 그리스도를 따르는 자인지 아닌지 분별할 수 있다고 믿었다. 아나뱁티스트는 공동체의 구성원에 대해 높은 윤리적 기준을 기대했다. 그들은 서로에 대한 책임을 지고 싶어 했으며, 특히 지도자는 반드시 약속을 지켜야 했다. 세례 언약을 지키지 못하거나 교회가 정한 기준에 미달할 때는 그리스도의 원칙에 따라 징계를 받았다.

오늘날 아나뱁티스트 사회에서 세례를 받거나 공동체의 일원이 되려는 자는 책임을 지겠다는 약속을 해야 한다. 그들에게는 다음과 같은 질문이 제시된다.

- 당신은 사탄과 이 세상의 악한 세력을 물리치고 당신의 주시며 구주이신 예수 그리스도께로 돌아왔습니까?
- 당신은 회중의 언약에 따라 우리 교회의 지체가 되기를 원합니까?

• 당신은 이 교회의 상황에서 우리와 의견을 주고받으시 겠습니까?
• 당신은 이 교회의 선교에 동참할 준비가 되었습니까?
• 당신은 형제나 자매가 필요할 경우 그들을 위해 당신 의 재산을 사용할 수 있게 하겠습니까?[85]

이어서 회중은 다음과 같은 진술을 통해 새로운 지체와 언 약을 맺는다.

> 이제 우리는 당신을 우리 공동체의 일원으로 받아들이면서, 우리가 하나님과의 언약을 갱신하듯이, 당신에게 다음과 같이 약속합니다. 우리는 서로의 짐을 나누어지겠습니다. 우리는 어려울 때 서로 돕고, 자신의 재능과 소유를 나누겠습니다. 우리는 그리스도께서 우리를 용서하신 것같이 서로 용서하겠습니다. 우리는 기쁜 일이나 슬픈 일이나 공동체의 유익을 위한 모든 일에 합력하여 우리 가운데 그리스도의 임재하심을 드러 냄으로써 하나님께 영광을 돌리겠습니다.[86]

초기 아나뱁티스트 시대의 성찬식은 자신이 세례를 받을 때나 공동체의 일원으로 가입할 때 했던 약속에 대한 책임을 지는 시간이었다. 그들은 예배에 앞서 별도의 사전 모임을 통해, 하나님과의 교제 및 상호 교제에 대해 자신을 성찰하는 시간을 가졌다. 약속대로 살지 못했거나 삶의 방식을 바꾸지 않은 자는 목사의 권면이나 충고, 또는 둘 다 받았다. 심한 경우, "출교"를 당하기도 했다. 출교를 당한 자는 새로운 헌신이 있을 때까지 공동체와의 교제에서 배제되었다.

안타까운 사실은 목사와 주교는 신자가 자신을 성찰하도록 돕지만, 때로는 다른 사람을 성급히 판단할 때도 있다는 것이다. 『이것이 아나뱁티스트다』의 저자 스튜어트 머레이는 이렇게 주장한다. "오늘날 아나뱁티스트는 이 영역에서의 남용 때문에 조심하면서도, 상호 책임을 이해하고 실천하며 존중하는 교회를 양육하고 발전시키고 싶어 한다. 상호 책임은 험담과 비방을 막고 당파와 분열을 방지하며 영적 성장의 원천이 된다. … 관계가 깨어지면, 치유와 회복의 과정이 진행된다."[87]

오늘날 적절한 교회 징계를 지지하는 마를린Marlin Jeschke은 "징계는 '제자'와 같은 어원에서 온 단어"라고 말한다. "전도가 그리스도인이 아닌 자를 공동체로 데려와 제자로 삼는 것을 목표로 하듯이, 징계는 공동체를 떠나 유리하는 자들이 다시 공동체로 돌아올 수 있게 회복시키는 기능을 한다."[88]

나는 교회 당회원인 부친이 비교적 최근에 입교한 론Ron을 개인적으로 방문한 사실을 기억한다. 론은 연속해서 세 차례나 성찬식에 참석하지 않았다. 아버지는 이유를 알아내어 그를 공동체로 회복시키기 위해 애썼다.

미국 메노나이트 교회의 사무총장 어빈 스투즈만은 "교회에서 시행하는 모든 올바른 징계의 목적은 더 나은 예수 그리스도의 제자가 되게 하는 것"이라고 주장한다. "징계는 징계를 받는 자가 진심으로 더 나은 그리스도인이 되고 싶어 하지 않는 한 효력이 없다."[89]

아나뱁티스트 기독교의 핵심적 주장은 무엇인가?

초기 아나뱁티스트는 하나님과의 화해 및 상호 화해를 이룬 신자들이 특별한 언약을 맺은 집단이 교회라고 생각했다. 그들은 세례를 받을 때 하나님과 서로에 대해 했던 언약에 대해 상호 책임을 졌다.

초기 아나뱁티스트는 그리스도의 원칙을 교회 징계의 기본적 지침으로 삼았다. 이것은 규칙을 위반한 자에게 형벌을 통해 강제로 변화시키려 했던 대부분 교회와 대조되었다. 아무런 문제가 없을 때는 성찬식이 하나님의 용서와 참석자 상호간의 용서를 기념하며 감사하는 기쁨의 장이었다.

화해 사역은 개인을 하나님과 화해하도록 도울 뿐만 아니라, 갈등과 분쟁에 빠진 세상 사람들을 화해시킬 것을 요구한다. 우리는 다음 장에서 이 문제에 대해 살펴볼 것이다.

토론을 위한 질문

1. 여러분은 갈등 관계에 있던 두 사람이나 두 집단이 지금은 화해한 사례에 대해 들려줄 수 있는가? 그 과정에서 그리스도의 원칙이나 화해 주기가 사용되었는가?

2. 그리스도를 믿는 신자가 갈등 관계에 있는 지체를 화해시키기 위해 사용하는 대조적인 방식에 대해 살펴보라.

다른 신자들의 강조점	아나뱁티스트 신자들의 강조점
누가 옳고 누가 그른지를 따진다.	갈등을 다룰 때 먼저 "화해"을 염두에 둔다.
가해자에 대한 처벌을 통해 변화를 기대한다.	가해자가 자신이 한 말이나 행위를 명확히 고백하도록 돕는다.
엄격한 법 제정과 더욱 엄격한 법 시행	자신의 약속에 책임을 지게 함
모든 신자를 성찬에 참예하게 함	하나님과의 관계 및 상호 관계에 대해 성찰하게 함

3. 가해자와 마주하는 목적은 무엇인가? 가해자를 만나는 시간은 언제가 가장 좋은가?

4. 사건을 법정으로 가지고 가는 것이 관계 회복에 도움이 되지 못하는 이유는 무엇인가?

제9장 • 세상적 갈등은 화해시켜야 한다

우리가 육신으로 행하나 육신에 따라 싸우지 아니하노
니 우리의 싸우는 무기는 육신에 속한 것이 아니요 고후
10:3-4

많은 그리스도인은 평화를 복음에 덧붙일 수 있는 대안적 부가물로 생각하지만, 아나뱁티스트 그리스도인은 평화가 복음의 핵심에 자리 잡아야 한다고 생각한다. 평화의 왕이시며 우리 신앙의 중심이신 예수님은 화해가 우리 사역의 중심이 되어야 하는 이유를 보여준다. "그의 십자가의 피로 화평을 이루사 만물 곧 땅에 있는 것들이나 하늘에 있는 것들이 그로 말미암아 자기와 화해하게 되기를 기뻐하심이라." 골 1:20

평화 사역은 처음부터 아나뱁티스트의 특징이었다. 온타리오주에 있는 멀티사이트 교회Multisite Church 교육 목사인 브럭시 카베이Bruxy Cavey는 "우리는 무엇보다 예수의 교회이기 때문에 평화 교회다"라고 말한다. "예수는 우리를 평화의 길로 인도하신다. 우리가 화해를 주장하는 것은 예수께서 화해를

중요하게 여기시기 때문이다. 우리는 예수를 가장 우선하기 때문에 공의를 중요하게 생각한다."[90]

9장에서는 예수님과 초기 그리스도인과 초기 아나뱁티스트가 어떻게 갈등 상황을 화해의 장으로 이끌었는지 살펴본다. 우리는 그들의 화해 조성 방식과 폭력이라는 방식을 택한 자들과 대조할 것이다. 우리는 오늘날 아나뱁티스트 사상을 소유한 자들의 평화 조성 방식에 특별한 관심을 기울일 것이다.

예수님은 갈등에 대해 무엇이라고 말씀하셨는가?

유대인은 그들의 메시아가 악인과 그들의 불의한 방식을 힘으로 파괴함으로써 모든 것을 바로잡으실 폭력적 혁명 지도자로 오실 것으로 기대했다. 그러나 예수님은 평화의 왕으로 오셨으며 "너희 원수를 사랑하며 너희를 박해하는 자를 위하여 기도하라 이같이 한즉 하늘에 계신 너희 아버지의 아들이 되리니"마 5:44-45a라고 말씀하셨다.

예수님은 "화평하게 하는 자는 복이 있나니 그들이 하나님의 아들이라 일컬음을 받을 것임이요"마 5:9라고 말씀하셨다. 그는 제자들에게 "악한 자를 대적하지 말라 누구든지 네 오른편 뺨을 치거든 왼편도 돌려 대며 또 너를 고발하여 속옷을 가지고자 하는 자에게 겉옷까지도 가지게 하며 또 누구든지 너로 억지로 오 리를 가게 하거든 그 사람과 십 리를 동행하고"마 5:39-41라는 말씀도 하셨다. 또한 예수님은 우리가 내적 거듭남을 통해 분쟁에 대한 태도나 행동에도 변화를 받는다는 개념을 도입하신다.

메노나이트 지도자 어빈 스투즈만은 "그리스도인의 평화운동은 하나님의 주권에 대한 강조와 인간의 반응에 대한 요구 사이에 균형을 이루어야 한다"라고 주장한다. "그런 평화는 인간의 삶과 사회적 상호작용을 변화시키시는 하나님의 신적 행위를 통해서만 일어난다."[91]

예수님이 제시하시는 하나님의 나라는 이 세상 나라와는 전혀 다른 평화로운 나라다. 빌라도가 예수께 "유대인의 왕"이 되고 싶은지 묻자 예수는 "내 나라는 이 세상에 속한 것이 아니니라 만일 내 나라가 이 세상에 속한 것이었더라면 내 종들이 싸워"요 18:36라고 대답하셨다.

예수님은 십자가에 못 박혀 돌아가실 때, 평화에 대한 특별한 태도를 드러내셨다. 독일의 제자도 주창자인 디트리히 본회퍼는 "그것은 정확히 십자가 위에서였다. … 그리스도의 세상적 실패 … 그것은 역사적 성공으로 이끌었다"[92]라고 했다. 예수님은 죽이기보다 죽음을 택하심으로 악을 드러내고 승리하셨다. 그는 이런 식으로 사탄이 지배하는 권세와 통치자들과 죄를 이기는 새로운 방법을 보여주셨다. 예수님은 자신의 삶과 죽음과 부활을 통해 인간의 마음을 변화시키시고 그들에게 자신처럼 살 수 있는 능력을 부여하셨다.

사도 베드로는 새로 믿은 신자들에게 예수의 본을 따르라고 권면했다. "욕을 당하시되 맞대어 욕하지 아니하시고 고난을 당하시되 위협하지 아니하시고."벧전 2:23a

초기 그리스도인은 갈등에 대해 어떻게 말했는가?

예수님은 제자들에게 화해하게 하는 직분을 맡기셨다. 바울은 고린도후서 5장 18절에서 "모든 것이 하나님께로서 났으며 그가 그리스도로 말미암아 우리를 자기와 화해하게 하시고 또 우리에게 화해하게 하는 직분을 주셨으니"라고 말했다.

사도 바울 역시 예수님의 자취를 따른다. "너희가 친히 원수를 갚지 말고 … 네 원수가 주리거든 먹이고 목마르거든 마시게 하라 그리함으로 네가 숯불을 그 머리에 쌓아 놓으리라 악에게 지지 말고 선으로 악을 이기라."롬 12:19-21

사도 바울과 초대교회가 직면한 가장 큰 시련 가운데 하나는 유대인과 이방인을 서로 화해하게 하는 것이었다. 유대인과 이방인의 갈등은 깊었으나, 두 그룹의 사람들이 그리스도와 화해하자 상호 간에도 화해하게 되었다. 초기 그리스도인은 그들의 교회에 대해 자신 있게 말한다. "너희는 유대인이나 헬라인이나 종이나 자유인이나 남자나 여자나 다 그리스도 예

수 안에서 하나이니라." 갈 3:28

전쟁과 전쟁의 소문에도 불구하고, 초기 그리스도인은 평화를 위해 헌신했다. 우리가 아는 한, 교회가 생기고 처음 이백 년 동안 예수님의 제자 가운데 군인이 된 사람은 없다. 그들에게 사역의 중심은 무력에 의한 충돌이 아니라 화해였음이 분명하다.

그러나 교회와 국가가 결탁하자 변화가 일어났다. 전사였던 황제들은 그리스도인이 다른 사람과 마찬가지로 악과 싸우기를 기대했다. 한 세기가 조금 지난 주후 416년이 되어서야, 그리스도인도 군인이 될 수 있었다.[93]

어거스틴은 오늘날 정당한 전쟁 이론이라 불리는 일련의 지침을 제시함으로써 그리스도인이 폭력적 충돌에 참여하는 것을 정당화하려 했다. 오늘날 많은 그리스도인은 정당한 전쟁 이론의 도덕적 요구가 충족된다면 전쟁이 거의 사라질 것이라고 믿는다. 그러나 아나뱁티스트는 처음부터 이 이론에는 많은 문제점이 있다는 사실을 지적했다. 예를 들면, 다음과 같은 문제점이 제시된다.

- 이 이론은 '전쟁은 정당하거나 의로운 이유가 있어야 한다'라고 말하지만, 양쪽 모두 자신이 옳다고 생각할 것이다.

- 이 이론은 폭력으로 악을 극복할 수 있다고 가정하지만, 역사는 폭력이 더 큰 폭력을 불러온다는 사실을 증명한다. 폭력은 비폭력으로만 극복할 수 있다.
- 이 이론은 전쟁이 마지막으로 남은 유일한 수단이라면 정당화될 수 있다고 말한다. 그러나 조사에 따르면 전쟁에 대한 대안은 항상 있었다.[94] 우리는 전쟁을 막은 자들에게 최고의 찬사를 보내야 한다.

스튜어트 머레이는 정당한 전쟁 이론을 지지하는 교회들은 정부의 전쟁 노력을 환영한다는 사실을 지적한다. "수 세기 동안 교회는 치명적인 폭력 행위를 지지해왔다. 그들은 전쟁 무기를 칭송하고 성공적인 전쟁을 위해 기도하며 예배 행위를 통해 승리를 축하했으며, 정복군의 보호 아래 선교사를 파송했다."[95]

아나뱁티스트는 그리스도인이 폭력과 전쟁에 참여하는 것에 대해 분명하게 "아니오"라고 할 수 있어야 한다고 믿는다. 폭력은 세상의 논리로는 이해할 수 있지만, 그리스도인은 우리를 변화시키고 다른 방식의 삶을 살게 하신 그리스도께 속한 자다. 예수님의 뜻은 명확하다. 그를 따르는 자는 죽이거나 파괴해서는 안 된다. 변화된 자는 그런 일을 하지 않는다.

갈등에 대한 초기 아나뱁티스트의 주장은 무엇인가?

아나뱁티스트는 처음부터 폭력에 반대했다. 초기 제자들처럼 대부분의 초기 아나뱁티스트는 군복무를 거부했다. 그들은 투르크 무슬림이 유럽을 침략해서 비엔나 문턱까지 밀고 들어왔을 때도 그랬다. 아나뱁티스트는 신자가 타인에게 "칼을 들거나" 고통을 가하는 일은 없어야 한다고 믿는다. 그들은 추적자에게 고통을 가하거나 생명을 빼앗기보다 차라리 고통을 견디는 길을 택했다.

안타깝게도, 일부 급진적 아나뱁티스트가 이러한 비폭력의 길을 따르지 않았다. 1534년, 이 극단주의자들은 뮌스터를 무력으로 장악했다. 그들은 폭력으로 도시를 점령하고 지배체제를 도입했다. 훗날 뮌스터 혁명으로 알려진 이 반란은 원래의 권력이 도시를 재탈환한 1535년 6월까지 지속됐다. 이 극단주의자들의 행위는 아나뱁티스트에게 나쁜 평판을 안겼으며, 일부 지역에서는 지금까지 부정적인 인식이 남아 있다.

1540년, 아나뱁티스트 신자들은 세례를 받고 거듭난 그리스도인은 폭력에 참여해서는 안 된다는 광범위한 공감대를 형성하기에 이르렀다.[96] 아나뱁티스트는 예수님이라면 같은 상황에서 어떻게 하셨을 것인가에 초점을 맞추어, 자신도 그렇게 해야 한다고 믿었다. 이런 생각은 정부가 요구하면 그리스도인도 전쟁에 동참해야 한다고 믿는 어거스틴이나 마틴 루터와 같은 사람들의 생각과 대조된다.

　미국 혁명 및 내전 당시 많은 아나뱁티스트 신자들은 정부에 특별세를 내거나 군 복무를 대체할 수 있는 다른 방법을 모색했다. 19세기와 20세기에는 많은 양심적 병역거부자들이 러시아와 유럽을 떠나, 대체복무를 약속하고 북아메리카와 남아메리카에 정착했다.

　제1차 세계대전 당시, 북아메리카의 양심적 병역거부자들은 군 복무를 거부했다는 이유로 조롱을 당하고 투옥되었다. 그들이 다니는 교회는 불에 타기도 했으며, 고문을 당해 사망한 사람도 많다. 전쟁이 이어지면서, 양심적 병역거부자가 대체복무를 선택할 수 있게 허용하는 합의가 이루어졌다.

　각 집단은 갈등에 대해 무엇이라고 말하는가?

　다음 페이지의 도표에서 볼 수 있는 것처럼, 오늘날 사람들은 적어도 다섯 가지 방식으로 갈등 관계에 있는 상대를 극복하거나 제압한다. 한 가지 분명한 것은 악을 보는 관점은 사람마다 다르며, 따라서 그것을 극복하거나 물리치는 방식도 다르다는 것이다. 각 집단이 갈등을 극복하는 방법은 다음과 같다.

　테러리스트는 지배체제나 침략 시스템의 지도자나 가치관을 악 또는 불의로 본다. 그들은 지배 시스템이 "타락"했다고 생각한다. 테러리스트는 현재의 지배계층이 그들의 가치관이나 권력을 자발적으로 포기하지 않을 것이기 때문에 그들을 물리치기 위해 폭력을 사용한다고 주장한다. 테러리스트는 극단주의자들의 선동에 따라 폭력적 혁명으로 현 체제의 전복을 노린다. 그들은 "몇 사람은 죽어야 한다"고 말한다.

군국주의자는 테러리스트나 범죄자의 폭력적, 혁명적 행위를 악으로 본다. 그들은 훈련된 장교의 명령에 따라, 폭력을 물리치기 위해 더 큰 폭력을 사용한다. 애석하게도 그들은 종종 대적의 관점이나 가치관에 대한 사려 깊은 통찰력이 부족하다. 전쟁을 위한 군사훈련은 그리스도의 영 및 그의 가르침과 반대된다. 전통적으로, 아나뱁티스트는 세상 정부가 악을 물리치기 위해 폭력을 사용할 수 있지만 그리스도인은 동참해서는 안 된다고 생각한다. 그들은 폭력은 물론 대항적 폭력조차 더 큰 폭력을 초래할 수 있다고 믿는다.

평화주의자는 폭력과 살인을 단호히 반대한다. 아나뱁티스트는 역사적으로 분쟁에서 철수한 것으로 알려진다. 그들은 병역 거부는 물론 세상 정부에도 동참하지 않았다. 그러나 오늘날 대부분 아나뱁티스트는 이러한 평화주의가 지나치게 수동적이라고 생각한다. 많은 사람은 엄격한 비저항주의로부터 악에 맞선 비폭력으로 옮겼다.

평화운동가는 전쟁과 폭력을 반대하는 것에서 한 걸음 더 나아간다. 그들은 적극적으로 불의를 바로 잡고 폭력의 원인을 제거한다. 그들의 목적은 불평등을 적극적으로 알리고 사랑을 촉구하며 대적을 친구로 만드는 정의 회복을 위한 프로그램을 시행함으로써 평화로운 혁명을 일으키는 것이다.

영적 전사는 악한 세력을 물리치는 하나님의 공의와 권능을 신뢰한다. 그들은 기도, 금식, 축귀, 안수와 같은 행위로 하나님의 은혜와 능력이 갈등을 초래한 사람들의 마음과 행위를 변화시킬 것이라고 믿는다.

각 집단의 갈등에 대한 관점

	테러리스트	군국주의자	평화주의자	평화 운동가	영적 전사
전략	폭력적 혁명	반 혁명	반군산복합체	평화 혁명	기도, 축귀, 안수
방침	몇 사람은 죽어야 한다	현 체제 보호	폭력은 더 큰 폭력을 낳는다	선으로 악을 이기라	가만히 있으라 하나님이 승리 하실 것이다
폭력에 대한 입장	폭력에 대한 찬성	폭력에 대한 찬성	폭력과 불의에 대한 반대	사랑과 회복적 정의를 주장	폭력에 대한 반대
지도자 명령권	극단주의자	군 장성	양심	예수의 원칙	영적 전사

아나뱁티스트 지도자들은 우리가 평화운동가가 되어야 한다고 믿었다. 우리는 다른 사람처럼 또는 그 이상으로 치열하게 악과 싸워야 하지만, 방식은 달라야 한다. 우리는 사도 바울을 따라 "우리가 육신으로 행하나 육신에 따라 싸우지 아니하노니 우리의 싸우는 무기는 육신에 속한 것이 아니요 오직 어떤 견고한 진도 무너뜨리는 하나님의 능력이라"고후 10:3-4고 말한다.

오늘날 아나뱁티스트가 악과 그것이 초래하는 갈등을 극복하는 세 가지 방법은 비폭력적 행위, 회복적 정의, 대체복무다.

어떻게 비폭력적 행위로 갈등을 해소할 수 있는가?

예수께서 백마 대신 나귀를 타고 수천 명의 제자와 함께 예루살렘에 입성하신 사건은 비폭력적 행위에 해당한다. 나귀는 군사력과 관련이 있는 백마와 달리, 섬기는 동물로 알려져 있다.마 21:1-11 참조 예수님은 갈등을 야기하지 않으셨다.

초기 그리스도인과 초기 아나뱁티스트는 박해를 받아 집에서 쫓겨나고 죽임을 당하기도 했지만, 믿음으로 살았다. 그들은 화형당하는 장면을 보면서도 비폭력을 유지했다. 그들은 다른 사람에게 고통을 가하느니, 차라리 자신이 고통을 당했다. 이러한 특징을 관찰한 사람들은 그들의 확고한 비폭력이 교회의 모태가 되었다는 사실을 알았다. 교회는 박해에도 불구하고 급속히 성장했다.

사회적 복음주의 운동Evangelicals for Social Action의 창시자이자 명예 총재인 로날드 사이더Ronald J. Sider는 "마하트마 간디의 비폭력 혁명은 대영제국을 패망시켰으며 … 마틴 루터 킹 주니어의 평화로운 인권 운동은 미국 역사를 바꾸었다"고 주장한다. 지난 백 년 동안, 비폭력이 독재와 압제에 맞서 승리를 거둔 사례는 얼마든지 찾아볼 수 있다. 최근 학계는 불의와 독재에 맞선 비폭력적 혁명이 사실상 폭력적 운동보다 훨씬 성공적이었다는 사실을 보여준다.[97]

비폭력적 행위는 다양한 방식이나 전략에 대한 언급이다. 오늘날 비폭력 연구의 최고 권위자인 진 샤프Gene Sharp는 비폭력적 행위의 198개 전략에 대해 제시한다.[98] 이 전략에는 불매 운동과 노동쟁의, 그리고 그보다 대립적이지만 비폭력적인 개입을 포함한 사회적, 경제적, 정치적 비협력을 통한 언어적 상징적 설득이 해당된다.

사이더는 "비폭력적 행위는 수동적 비저항과 다르다"고 주장한다. "강압은 반드시 폭력적이어야 하는 것은 아니다. 불매 운동이나 평화 행진에서 볼 수 있듯이, 상대의 순수성과 인격을 존중하는 비군사적인 강압은 결코 비도덕적이거나 폭력적이지 않다. 그것은 비폭력적 방법을 통해 억압을 끝내고 압제자와 화해하는 두 가지 목적을 가지고 있다."[99]

비폭력적 행위를 잘 보여주는 한 가지 작은 사례는 기독교 평화 운동이다. 기독교 평화 운동은 이라크, 아일랜드, 팔레스타인, 콜롬비아 등 긴장이 극도로 고조된 국가에 들어가 갈등 관계에 있는 두 진영을 중재하고 있다. 그들은 그 일을 통해 폭력을 방지하고 평화의 다리를 놓고 있다. 현재 이 운동은 30명의 정규 인력이 다양한 지역에서 활동하고 있으며, 훈련을 마치고 언제든지 투입될 수 있는 예비인력이 150여 명 있다.[100]

콜롬비아에서는 다본Daabon이라는 기업이 지역 농장주의 땅을 사들여 팜유를 생산한 후, 윤리적, "환경친화적" 기업을 추구하는 더바디샵the Body Shop에 공급했다. 그러나 기독교 평화 운동이 약 일 년 반 동안 직접적인 비폭력적 행위, 편지쓰기 운동, 경제적 불매운동 등 비폭력적인 활동을 지속하자 더바디샵은 계약을 해지하고 다본 기업은 철수했으며 농장주들은 자신의 땅을 되찾았다.[101]

어떻게 회복적 정의를 통해 갈등을 해소할 수 있는가?

회복적 정의의 목적은 일을 바로잡아 평화를 조성하는 것이다. 교황 바오로 6세는 "여러분이 평화를 위해 일하고 싶다면, 정의를 위해 일하십시오"[102]라고 선포함으로써 이런 방식의 평화 사역을 강조한 바 있다.

북아메리카 메노나이트에서 시작한 가해자-피해자 간 화해 중재 프로그램VORP은 회복적 정의를 통해 갈등 해소를 추구하는 한 사례다. 스캇Scott의 차를 훔친 혐의로 체포된 릭Rick, 가명이라는 한 청년에 대한 이야기는 **VORP**의 사역에 대해 잘 보여준다. 판사는 가난에 쫓긴 릭이 더 이상의 범죄에 빠지기를 바라지 않는 마음에서 이 사건을 **VORP**에 맡겼다. **VORP** 자원봉사자는 범법행위를 한 릭과 피해자인 스캇을 차례로 은밀히 불러 대화를 나눈 후, 둘 다 불러 함께 머리를 맞대고 갈등을 해소할 방법을 모색했다. 그는 두 사람을 한 테이블에 마주 앉게 한 후, 먼저 가해자 릭에게 정확히 언제, 어디서, 왜 스캇의 차를 훔쳤으며 그것을 어떻게 처분했는지 상세히 말하게 했다. 그런 후 피해자 스캇에게 당시에 겪은 황당한 마음과 분노와 좌절, 그리고 그로 인해 자신과 가족이 어떤 손실을 입었는지에 대해 이야기하게 했다.

릭은 스캇의 고통에 대해 진지한 사과와 함께 바로 잡고 싶다는 의중을 밝혔다. VORP 자원봉사자는 릭과 스캇이 공정한 해법을 찾도록 도왔으며, 그 결과 릭은 주행거리에 따른 보상과 40시간의 사회봉사활동, 그리고 일련의 재정계획 수업을 듣겠다고 했다. 자원봉사자는 판사에게 대화 내용 및 합의한 화해 조건을 보고했다. 판사는 합의한 조건이 정의를 충족한 것으로 보았다. 그는 보호감찰관을 지명하여 릭과 스캇이 합의한 내용이 제대로 시행되고 있는지 확인하여 두 주마다 보고하게 했다. 조건이 이행되지 않을 경우, 릭은 1년간 징역을 살아야 한다.

징계처분보다 회복적 정의를 시행한 한 학교는 정학 처분 건수가 40%나 줄었다. 관련된 교사의 88%는 회복적 정의의 시행이 다루기 힘든 품행 관리에 많은또는 다소 유익이 되었다고 답했다.103 다른 조사에 따르면, 학교에서 문제가 있는 청소년을 대상으로 회복적 정의 모델을 시행한 결과 그들의 행동과 졸업과 장기결석에 상당한 영향을 끼친 것으로 나타났다.

어떻게 대체복무를 통해 갈등이 해소되는가?

메노나이트는 장소를 옮겨가며 여러 차례 정부와 협상한 끝에, 양심적 병역거부자가 대체복무를 통해 국가에 기여하는 방안에 합의했다. 이 합의는 제2차 세계대전 당시 미국과 캐나다에서 실제로 이행되었다. 대체복무는 다른 사람들이 전쟁에 참여하는 동안 평화를 위해 노력하는 한 방법이다.

제2차 세계대전 당시 미국의 징병대상자는 3,450만 명이며, 그중 72,354명이 양심적 병역거부자에 지원했다. 양심적 병역거부자 가운데 약 25,000명은 비전투병으로 복무했으며, 27,000명은 신체검사를 통과하지 못해 면제받았으며, 6천 명 이상은 대체복무조차 거부하고 감옥행을 택했으며, 12,000명은 대체복무를 했다. 대체복무자 중 만 명은 메노나이트, 퀘이커 및 형제단 소속이다. 그들은 사회봉사 프로그램의 관할하에 병원, 국립공원, 산, 농장, 광산에서 복무했다. 이러한 대체복무는 생명을 빼앗는 일에 동참해서는 안 된다는 신앙을 고수하면서도 국가를 위해 봉사할 수 있는 방법이다.[104]

대체복무는 고통을 경감하고 정의를 위한 일을 계속할 수 있는 다양한 봉사 프로그램으로 이어졌다. 예를 들면, 베트남 전쟁이 발발하자 미국 시민인 나는 조국을 위해 봉사하라는 부름과 함께 I-A 등급으로 분류되었다. 이것은 전쟁의 의무를 수행할 준비를 하라는 뜻이었다. 그러나 그리스도께 헌신한 나는 정부에 호소해서 I-Q 등급으로 재분류되었다. 덕분에 나는 대만에서 이동진료소 책임자로서 근무하면서 하나님과 국가를 위해 봉사할 기회를 부여받았다. 우리 팀은 의사, 치과의사, 간호사, 복음전도자로 구성되었다. 우리는 마을마다 돌아다니며 건강진료 봉사를 통해 많은 친구를 사귀었다. 미국의 한 고위급 군사고문은 내 이야기를 듣고 고개를 저으며 "우리는 마을 사람들의 마음을 얻지 못했기 때문에 베트남 전쟁에서 패배하고 있습니다. 당신네 대체 복무자들이 우리보다 낫습니다"[105]라고 말했다. 이 경험은 우리가 예수와 그의 길을 따름으로써 군에서 복무하는 것보다 훨씬 많은 평화 사역을 감당할 수 있다는 사실을 깨닫게 해주었다.

최근에 다른 나라에서도 군 복무 대신 대체복무를 수행하는 대안을 내놓고 있다. 그러나 아쉽게도 많은 나라는 그렇지 못하다. 콜롬비아나 한국에서 아나뱁티스트 양심적 병역거부자는 범법행위로 징역을 살아야 한다.

세계 도처의 아나뱁티스트 교회는 고통을 경감하고 정의를 시행할 수 있는 60개 이상의 봉사 프로그램과 통신망을 구축했다. 여기에는 메세레테 크리스토스 구제 및 개발Meserete Kristos Relief and Development, 말라위 아동 패션 센터Malawi Passion Center for Children, 인도의 메노나이트 크리스천 봉사단Mennonite Christian Service Fellowship 및 온두라스의 데사로요 사회복지 위원회Comite de Desarrollo Social of Honduras 등이 포함된다.[106]

북미의 대체복무 사례에는 다음과 같은 것들이 있다.

- **메노나이트 중앙위원회**Mennonite Central Committee : MCC는 전쟁으로 기아에 허덕이는 우크라이나 메노나이트 가족을 돕기 위해 시작된 단체다. 이 단체는 "그리스도의 이름으로" 시행되는 구제와 개발 및 평화 사역으로 널리 알려져 있다. MCC는 전쟁의 원인이 될 수도 있는 가난과 불의에 대처하기 위해 세계 곳곳의 파트너들과 협력하고 있다.
- **메노나이트 건강봉사단**Mennonite Health Services : 자신이 봉

사하는 지역에서 정신병자가 비참한 대우를 받는 것을 본 병역거부자들이 기독교의 사랑과 자비의 가치관에 기초하여 세운 일련의 정신 건강 센터로, 국가적으로 큰 관심을 받았다.

- **팍스**Pax : 메노나이트 중앙위원회는 라틴어로 평화를 뜻하는 팍스라는 프로그램을 시행했다. 이 프로그램은 12,000명의 병역거부자를 독일, 호주, 알제리 및 40개국에 파견하여 봉사활동을 하게 했다. 그들은 난민촌을 세우고 도로를 건설했으며 농업진흥을 위해 땀을 흘렸다. 팍스는 미국의 평화봉사단 프로그램 발족에 많은 영향을 끼친 원형이 되었다.

- **해외 교사 프로그램**Teachers Abroad Program : 1962년부터 1980년대 중반까지 천 명 이상의 교사들이 아프리카 10개국과 자메이카, 볼리비아로 가서 지역학교를 섬기고 MCC를 조직했다. 그들이 가르친 학교는 수많은 지도자를 배출했다. TAP 프로그램은 북미와 전 세계 교육 사역의 선두주자였다.

- **메노나이트 화해사역부**Mennonite Conciliation Services : MCS는 미국의 메노나이트를 위해 화해 사역을 시작했던 MCC가 빈곤과 불의와 폭력의 배후 세력에 대처하기 위해 제정한 프로그램 가운데 하나였다. 메노나이트는

이 프로그램에서 출발하여 메노나이트 대학과 지역 공동체 평화센터에 훈련기관을 발전시켜나갔다.

• **평화교육지지 모임**Peace Education and Advocacy : 미국 메노나이트 교회의 평화와 정의 네트워크The Peace and Justice Network는 메노나이트 교단의 오랜 평화 사역을 통해 발족한 단체로, MCS에 앞서 출범했다. 워싱턴과 캐나다 오타와에 소재한 MCC 사무실은 해당 정부 및 정책 입안자들과 함께 평화를 증거하는 일에 초점을 맞춘다.

캐나다 MCC의 부위원장을 역임한 로라 칼마르Laura Kalmar는 대체복무 사역자와 관련하여, "우리는 대사로서 권력과 승리주의 정신에 동의하지 않는다"고 말한다. "우리는 연약한 인간으로서 겸손과 연약성을 인정해야 한다. 우리는 불완전한 그릇에 하나님의 이미지를 담고 있는 존재다. 우리의 말은 실수하기 쉽고 우리의 행동은 부족하며 우리의 지식은 불완전하다. 그러나 이러한 연약함과 부족함 사이 어딘가에 어두운 세계를 향해 비취는 하나님의 빛이 존재한다."[107]

미국과 캐나다에서 징병이 없어짐에 따라 오늘날 대체복무를 하는 사람은 줄어들고 있다. 많은 아나뱁티스트는 현재의 평화 국면이 흔들리지는 않는지 우려를 나타낸다.

아나뱁티스트 기독교의 핵심적 주장은 무엇인가?

아나뱁티스트 그리스도인은 성경과 예수님의 모범에 기초하여, 폭력에 대해 명확히 반대하는 입장을 고수한다. 우리는 불의를 몰아내고 사랑을 보여줌으로써 갈등을 극복해야 한다. 우리는 예수의 마음으로 원수를 대함으로써, 그들을 친구로 만들어야 한다. 이것은 폭력으로 갈등을 해결하려는 자와 대조된다.

예수님은 지상명령을 통해 새신자에게 "내가 너희에게 분부한 모든 것"마 28:20을 가르치라고 명하셨다. 그리스도의 명령에는 평화의 길을 가르치는 것도 포함된다. 비폭력과 평화에 대한 교육은 모든 제자도와 새신자반 교육의 한 부분이 되어야 한다. 아나뱁티스트 대학과 신학교는 평화와 갈등에 대한 교육 과정을 신설할 필요가 있다.

갈등 해소는 쉽지 않은 작업이다. 폭력에 대한 반대는 우리의 명성과 재산과 생명까지 요구한다. 예수와 초기 그리스도인과 초기 아나뱁티스트도 마찬가지였다. 그러나 화해한 삶과 다른 사람을 정직하고 화해한 관계로 인도하는 삶보다 큰 기쁨은 없다.

1-9장까지 제시한 제자도와 평화의 삶을 살 수 있는 힘은 어디서 나오는가? 10장에서는 이 주제에 대해 다룰 것이다.

토론을 위한 질문

1. 여러분과 여러분의 가족은 전쟁의 경험이 있는가?

2. 정당한 전쟁 이론과 기독교 평화사역에 대한 대조적인 관점에 대해 살펴보라.

정당한 전쟁을 지지하는 자들의 주장	기독교 평화조성자들의 주장
적법한 권력은 전쟁을 선포할 수 있다.	세상 정부는 전쟁을 선포할 수 있으나, 그리스도인은 참여해서는 안 된다.
악은 폭력으로 극복할 수 있다.	폭력은 더 큰 폭력을 초래한다.
전쟁이 마지막으로 호소할 수 있는 유일한 수단이라면, 전쟁도 정당화될 수 있다.	우리에게는 언제나 전쟁을 피할 수 있는 대안이 있다.
정부는 대적의 생명을 빼앗을 시기를 결정할 책임이 있다.	각자는 자신의 행위에 대한 책임을 져야 한다.

3. 여러분은 평화와 정의와 공동체의 화해를 위해 어떤 조치를 취할 수 있는가?

결 론

Conclusions

제10장 • 핵심은 성령의 역사다

> 오직 성령이 너희에게 임하시면 너희가 권능을 받고 예
> 루살렘과 온 유대와 사마리아와 땅 끝까지 이르러 내 증
> 인이 되리라 하시니라 행 1:8

초기 아나뱁티스트에게 교회에 대한 새로운 비전을 부여
한 것은 누구 또는 무엇인가? 무엇이 그들에게 믿음의 고백에
대해 세례를 주게 하였는가? 그들은 대적과 맞서 극심한 박해
를 견딜 용기와 힘을 어디서 얻었는가?

초기 아나뱁티스트 그리스도인이 여러 가지 독특한 신학
적, 조직적 관점을 도입한 것은 사실이나, 많은 역사가와 학자
는 아나뱁티스트 운동의 가장 중요한 요소가 성령에 대한 강
조라는 사실을 간과했다. 메노나이트 형제단의 지도자인 테이
브즈 J. B. Toews는 "아나뱁티스트 신학을 포함하여 어떤 바른
신학도 성령을 통한 경험적 지식이 없다면 교회를 무기력하게
만들 것이다"라고 주장한다.108

우리는 7장에서 성령의 역사가 어떻게 하나님의 은혜로 살

아가는 자들의 생각과 감정과 행동을 변화시키는지 살펴보았다. 10장에서는 예수와 사도들과 초기 아나뱁티스트와 오늘날 많은 교회의 생애와 사역에 나타난 성령의 역사에 초점을 맞출 것이다.

다음 도표에서 볼 수 있듯이 성령은 예수와 공동체와 화해에 대한 이해의 핵심이라고 할 수 있다.

초기 교회와 아나뱁티스트 운동과 예수의 생애와 사역을 통해 일어난 일과, 오늘날 많은 교회에서 일어나고 있는 일 사이에는 공통분모가 있다. 이 공통분모는 성령의 변화적 임재

와 역사하심이다.

예수에 대한 이해의 핵심은 무엇인가?

예수님은 사람이자 신이라는 사실은 사람들의 오랜 관심 사였다. 중요한 통찰력은 예수님은 온전한 사람인 동시에 하나님의 영으로 충만하셨다는 것이다. 사람은 영으로 알 수 있다. 성경, 특히 누가복음은 예수와 성령의 관계를 반복적으로 강조한다. 다음의 구절을 참조하라.

> "[예수께서] 기도하실 때에 하늘이 열리며 성령[Holy Spirit]이 비둘기 같은 형체로 그의 위에 강림하시더니" 눅 3:21-22
>
> "예수께서 성령[Holy Spirit]의 충만함을 입어 … 광야에서 사십 일 동안 성령[Spirit]에게 이끌리시며 마귀에게 시험을 받으시더라" 눅 4:1-2
>
> "예수께서 성령[Holy Sirit]의 능력으로 갈릴리에 돌아가시니" 눅 4:14

예수는 두루마리를 펴서 다음과 같이 기록된 데를 찾으셨다. "주의 성령[Spirit of the Lord]이 내게 임하셨으니 이는 가난한 자에게 복음을 전하게 하시려고 내게 기름을 부으시고 나를 보내사 포로 된 자에게 자유를, 눈 먼 자에게 다시 보게

함을 전파하며 눌린 자를 자유롭게 하고 주의 은혜의 해를 전파하게 하려 하심이라." 눅 4:17-19

예수님은 큰 소리로 "아버지 내 영혼[spirit]을 아버지 손에 부탁하나이다" 눅 23:46라고 외치신 후 숨을 거두셨다. 눅 23:46

복음서에는 백성이 예수께 나타난 하나님의 임재와 능력에 놀랐다는 언급이 24차례나 나타난다. 누가복음 5장 26절은 "모든 사람이 놀라 하나님께 영광을 돌리며 심히 두려워하여 이르되 오늘 우리가 놀라운 일을 보았다 하니라"라고 말씀한다.

효과적인 사역의 핵심은 무엇인가?

오순절에, 예수께 있던 것과 동일한 성령이 사도들에게 임했다. 그들에게 사역은 정확히 예수께서 하신 그 일이었다. 사도들은 가난한 자에게 복음을 선포했다. 그들은 병든 자를 고치고 갇힌 자를 풀어주었다. 또한 그들은 사람들이 예수께 보였던 것과 동일한 반응을 얻었다. 누가는 하나님이 사도들을 통해 행하신 일로 말미암아 "사람마다 두려워하는데" 행 2:43라고 기록한다. [109]

아나뱁티스트 역시 성령의 임재와 사역에 관심을 가졌다. 역사가 피터 클라센은 초기 아나뱁티스트 운동에 대해 다음과 같이 말한다. "아나뱁티스트 운동에는 성령이 그리스도인의 경험의 핵심이라는 근본적 확신이 있었다. 성령의 역사는 그리스도의 제자들에게 율법을 넘어 즐거이 순종하는 변화된 삶을 가능하게 했다"고 주장한다.

아나뱁티스트 운동은 16세기의 은사 운동, 또는 성령 운동이라고 할 수 있다.[110] 이 운동을 통해, 개인적인 죄 고백 및 성령을 받음과 함께 변화나 구원이 시작되었다. 변화된 신자는 경험 지향적이었다. 그들은 가는 곳마다 하나님이 자신의 삶과 사역을 통해 하신 일에 대한 경험을 나누었다. 그중에는 해외로 나가는 사람도 있었다. 그들은 종종 마가복음 16장 17-18절의 말씀을 인용했다. "믿는 자들에게는 이런 표적이 따르리니 곧 그들이 내 이름으로 귀신을 쫓아내며 새 방언을 말하며 뱀을 집어올리며 무슨 독을 마실지라도 해를 받지 아니하며 병든 사람에게 손을 얹은즉 나으리라 하시더라."

아나뱁티스트 운동은 유럽 전역을 휩쓴 합리주의의 한 가운데에 들어섰다. 당시는 계시보다 이성을 우선하는 시기였다. 당시의 지성인과 영향력 있는 사람들은 모든 것은 이성적 방법으로 접근해야 한다고 믿었다. 주요 개혁가들 가운데 이성적 믿음은 굉장히 중요한 요소였으며, 이단잘못된 믿음에게는 사형 선고가 내려졌다. 이러한 시대에 아나뱁티스트가 마틴 루터보다 더 성령을 강조했다는 사실은 놀라운 일이지 않을 수 없다. 메노 시몬스는 "우리를 죄에서 자유케 하고 담대하게 하며, 우리에게 기쁨과 평안과 경건함과 거룩함을 부여하는 것은 성령"[111]이라고 말한다.

아나뱁티스트에 대한 특별한 인식은 그들의 독특한 교회 신학 외에도 평화에 대한 강력한 헌신에 기인한다. 아나뱁티스트는 마틴 루터나 쯔빙글리, 칼빈보다 더 성령의 위상을 높인다. 사람들은 변화된 아나뱁티스트의 삶에는 특별한 무엇이 있다는 사실을 알고 있다. 그들은 박해와 죽음에도 불구하고 자신의 믿음을 따라 산 사람들로 알려진다. 그들에게 자랑은 겸손으로, 거짓말은 정직으로, 미움은 사랑으로, 두려움은 담대함으로 바뀌었다.

초기 아나뱁티스트는 성령이 사람들의 삶에 새로운 시작을 가져왔다고 믿었다. 신학자 클라센은 "중요한 것은 성령이 그들의 삶 속에 들어왔다는 것"이라고 말한다. "그들에게 중요한 것은 성령이 신자와 교회의 삶 속에 어떻게 역사하시느냐는 것이다."[112]

성령은 어떻게 받는가?

우리는 초기 아나뱁티스트에게서 무엇을 배울 수 있는가? 그들은 성령을 받기 위해 어떤 조치를 취했는가?

예수를 주와 구주로 영접하는 행위와 성령을 영접하는 행위는 매우 유사한 과정으로 보인다. 많은 경우, 두 행위는 같은 경험 또는 과정이었을 것이다. 그것은 하나님의 임재에 대한 갈망으로 시작된다. 예수님은 제자들에게 구하면 주실 것이라고 약속하셨다. "너희가 악할지라도 좋은 것을 자식에게 줄 줄 알기든 하물며 너희 하늘 아버지께서 구하는 자에게 성령을 주시지 않겠느냐 하시니라."눅 11:13 예수님이나 사도들과 마찬가지로, 그들의 첫 번째 단계는 기도였다.

초기 교회와 초기 아나뱁티스트 운동은 둘 다 알려진 죄에 대한 회개에 초점을 맞추었다. 사도 베드로는 오순절 날에 모인 무리에게 이 조건에 대해 설명했다. "너희가 회개하여 각각 예수 그리스도의 이름으로 세례를 받고 죄 사함을 받으라 그리하면 성령의 선물을 받으리니."행 2:38

내적 깨끗함은 성령을 자신의 삶 속에 모시려는 정직하고 간절한 마음과 연결된다. 성령을 받는다는 것은 살아계신 예수의 임재를 자신의 내적 실재 속에 받아들이는 것과 같다. 리차드 포스터Richard A. Foster는 『영적 훈련과 성장』*Celebration of Discipline*에서 "이것은 내면의 작업"이라고 말한다. "그리고 오직 하나님만이 내면에서 일하실 수 있다. 우리가 하나님 나라의 의에 도달하거나 그것을 얻는 것은 불가능하다. 그것은 주어진 은혜다."[113]

우리는 남반구 기독교에서 무엇을 배울 수 있는가?

20세기의 처음 75년 동안, 메노나이트, 형제단, 메노나이트 형제단, 그 외 아나뱁티스트 그룹을 포함한 대부분 교단은 땅끝까지 수백 명의 선교사를 파송했다. 그들은 그리스도의 사랑을 드러내기 위해 학교와 병원을 세웠다. 아나뱁티스트 선교사들은 가능한 많은 나라의 언어로 성경을 번역하여 정확한 의미를 가르침으로써 확실한 선교의 틀을 세웠다.

선교 운동을 통해 기독교 신앙의 세계화가 시작되었으며, 이러한 세계화는 지금도 계속되고 있다. 아나뱁티스트 그리스도인은 현재 전 세계 80개 이상의 국가에 산재해 있다. 1978년에는 아나뱁티스트의 2/3가 북아메리카와 유럽에 집중되어 있었고, 나머지 1/3은 그 외 나라에 산재해 있었다. 오늘날이 비율은 역전되었다. 아나뱁티스트 신자의 2/3가 남반구에 살고 있다. 아시아의 아나뱁티스트 신자의 수는 1978년 당시 75,000명이었으나 2015년에는 430,000명으로 늘었다. 아프리카의 경우 더 큰 폭으로 증가하여 85,000명에서 740,000명으로 급성장했으며, 라틴 아메리카 역시 기하급수적으로 증가했다.[114]

이와 같은 폭발적 선교 시대는 제자들이 선교의 시기와 관련하여 예수께 받은 교훈과 유사한 과정을 보인다. 선교사들은 성령의 인도하심을 따라 신실하게 가르치고 섬기는 사역을 통해 확실한 기초를 세웠지만, 선교지에 성령이 임하자 특별하고 놀라운 일이 일어났던 것이다. 예수님은 사도들에게 성령이 새로운 방식으로 임할 때까지 기다리라고 말씀하셨다. 성령은 그들을 권능으로 충만케 하실 것이며, 그들은 "예루살렘과 온 유대와 사마리아와 땅 끝까지 이르러"행 1:8 능력 있는 증인이 될 것이다. 이 일은 정확히 예수께서 말씀하신 대로 일어났다. 예수께서 떠나신 후, 급속한 성장이 일어났다. 재세례파의 놀랄만한 성장 역시 대부분 선교사가 귀국한 1970년대와 1980년대 초에 일어났다.

초기 선교사들을 통해 그리스도와 기본적 관계를 맺은 자들은 성령께 마음을 엶으로써 새로운 권능과 은사를 부여받았다. 이제 전국의 모든 사역자는 예수님과 함께 "주의 성령이 내게 임하셨으니 이는 가난한 자에게 복음을 전하게 하시려고 내게 기름을 부으시고 나를 보내사 포로 된 자에게 자유를, 눈 먼 자에게 다시 보게 함을 전파하며 눌린 자를 자유롭게 하고 주의 은혜의 해를 전파하게 하려 하심이라"눅 4:18-19고 외칠 수 있다.

남반구의 많은 아나뱁티스트 목회자들은 성령의 임재와 사역에 대한 간절한 열망이 있다. 그들은 설교 준비를 위해 두세 시간 때로는 다섯 시간씩 기도한다. 독창자나 성가대원 및 예배 인도자도 마찬가지일 것이다.

성령에 대한 강조가 성경 교육을 대체하지는 않는다. 남반구 기독교의 성령 충만한 신자들에게 성경 교육은 여전히 중요하다. 한 에티오피아 목사는 메세레테 크리스토스 교회MKC 신자들이 다른 복음적 교회와 어떻게 다르냐는 필자의 질문에 "우리는 가르치는 교회입니다"라고 대답했다.

성령의 변화 사역은 그들의 예배 행위에도 가시적으로 드러난다. MKC는 700개의 교회 외에도 40개의 교도소 내에 사역자와 신자가 있다. 이 사역자들을 통해 마을 사람들 간의 피의 복수가 거의 사라졌다. 재소자의 삶에는 큰 변화가 있었으며, 그들의 달라진 삶을 목격한 교도관들과 에티오피아 정부가 MKC에 전국의 다른 교도소에서도 일해 달라고 초청할 정도였다.

성령의 임재는 말씀 전파에도 큰 변화를 초래했다. 성령을 강조한 많은 교회가 매년 10-12%의 성장세를 보이고 있다. 남반구 기독교의 성장하는 교회는 거의 모두 복음전도자가 있다. 새로운 회심자가 복음전도자가 되어 적은 사례를 받고 회중에게 말씀을 전하는 경우도 종종 있다. MKC 교단은 2015년에 16,000명의 새신자가 들어왔다.

북반구 기독교에도 이런 일이 일어날 수 있는가?

아프리카, 아시아, 라틴 아메리카에서 보여준 복음에 대한 놀라운 반응은 영적 세계에 대한 강력한 믿음을 포함한 세계관과 어느 정도 관련된다. 이런 현상은 예수님 시대 및 초대교회 시대와 유사한 일면이 있다. 주중에 악한 영들이 활동하는 세상에서 살던 사람들이 주일날 교회로 와서 예수와 성령이 그런 영들보다 훨씬 강력하다는 사실을 배우고 기뻐한다. 그들은 친척이 어떻게 고침을 받았고, 친구가 어떻게 절망을 극복했으며, 이웃이 어떻게 변화되었는지 이야기 한다.

북반구의 아나뱁티스트 신자들은 이런 신앙과 믿음이 그들의 교회에서도 가능한지 묻는다. 아마도 그들은 수세적인 대답을 할 것이다. "우리는 이성적이고 과학적인 세계에 살고 있다. 우리가 사는 세상은 모든 것을 논리적으로 생각하고 검증을 받아야 한다. 남반구 사람들은 훨씬 더 영적 세계에 몰두해 있다."

맞는 말이기는 하지만, 우리는 초기 아나뱁티스트 역시 이성의 시대에 살면서도 성령의 권능과 회복의 역사하심을 온전히 경험했다는 사실을 알아야 한다. 온전하고 살아 있는 신앙이 존재한다면, 그것은 틀림없이 이성과 계시의 균형이 잡힌 신앙일 것이다.

작가인 데이비드 위브David Wiebe는 오늘날 북반구의 아나뱁티스트에 대해, "성령의 역사는 급진적 개혁 이후 메노나이트의 관심을 거의 받지 못하고 있다. 어쩌면 우리는 그리스도 중심 사상에 심취한 나머지 성령의 사역을 축소했는지도 모른다. 그러나 아나뱁티스트가 그리스도가 보내신 성령의 사역을 받아들인다고 해서 그리스도 중심 사상이 약해지는 것은 아니며, 오히려 강화될 것"[115]이라고 말한다.

진실한 신앙을 추구하는 북반구 신자 가운데 이성을 통해 아나뱁티스트 신앙에 매력을 느낀 사람이 많다는 것은 사실이다. 사람들은 비폭력적 행위와 평화를 믿는 것이 이성적이라고 생각한다. 그들은 예수의 눈을 통해 성경을 해석하는 것이 이성적이라고 생각한다. 구원을 얻기 위해서는 용서와 함께 자발적 순종이 필요하다는 것 역시 이성적인 생각이다. 그 결과, 다양한 배경의 사람들이 아나뱁티스트의 신앙과 삶으로 나아왔다.

우리는 성령의 사역을 보는 것이 기쁘지만, 브라질 피델리스 신학대학Faculdade Fidelis Seminary 총장인 아서 덕Arthur Duck의 경고에 귀를 기울일 필요가 있다. "우리는 성령에 대해 언급할 때, 사실상 성령보다 성령이 주시는 것능력에 관심을 가지는 경우가 많다. 이런 문제점은 복음서에도 나타난다. 유대 지도자들은 예수께 표적을 구했으며마 12:39 헤롯은 예수께서 이적을 행하시는 모습을 보고 싶어 했다.눅 23:8-9)[116]

그리스도 안에서의 진정한 믿음의 삶을 위해서는 우리의 독특한 이성적 신학과 성령에 대한 경험적 진실, 둘 다에 대한 강조가 필요하다. 우리가 남반구 교회에서 북반구로 이민 와서 기존의 교회 옆에 새로운 교회를 개척한 이민자처럼 대한다면, 서로에게 배울 기회가 생길 것이다. 그렇게 되면, 상호작용과 도움을 통해 변화를 경험하는 기회를 제공할 수 있을 것이다.

북반구나 남반구의 모든 신자는 우리에게 보혜사를 보내주시겠다는 예수님의 약속을 믿고 힘을 얻어야 한다. 그는 우리의 대언자, 중보자, 위로자, 교사가 되실 것이다.요 14:16, 26; 롬 8:26-27 성령은 우리의 선임 파트너라고 할 수 있다. 따라서 성령은 후임 파트너인 우리에게, 제자를 삼고 갈등을 치유하는 화해 사역에 필요한 원천을 제공할 것이다.

아나뱁티스트 기독교의 핵심적 주장은 무엇인가?

초기 아나뱁티스트는 회개와 성경 공부, 그리고 성령께 마음을 엶으로써 그들의 삶과 믿음과 태도가 변화되는 경험을 했다. 성령은 그들에게 통찰력과 용기를 주고 능력 있는 증인이 되게 하셨다. 우리의 결론은 성령께 마음을 여는 행위는 아나뱁티스트 신앙의 핵심 원리이자, 독특한 기독교 신앙의 중요한 요소로 자리 잡아 왔다는 것이다.

아래 질문에 대한 토론이 끝난 후, 우리는 마지막 장을 통해 아나뱁티스트 신앙의 핵심 가치와 쟁점 및 독특한 표지에 대해 살펴볼 것이다. 여러분의 관점에 대해 점검해보라.

토론을 위한 질문

1. 여러분은 성령에 대해 어떤 새로운 통찰력을 얻었는가?

2. 기독교 신앙 안에서 발견되는 다양한 관점에 대해 살펴보라.

다른 신자들의 강조점	아나뱁티스트 신자들의 강조점
자연주의, 합리주의, 과학적 사고	초자연적, 계시적, 성령의 인도하심에 따른 사고
인간적 열정과 자신감	영적 기쁨과 확신
자신에게 모든 것이 달린 것처럼 행동함	모든 것이 하나님께 달린 것처럼 행동함
말로만 증거하는 증인	삶으로 증거하는 증인

3. 북반구 교회들은 남반구 기독교의 사역에서 무엇을 배워야 하는가?

4. 남반구 교회들은 북반구 기독교의 사역에서 무엇을 배워야 하는가?

5. 여러분은 성령께 더욱 온전히 마음을 열기 위해 무엇을 할 것인가?

제11장 • 결론

그러나 너는 배우고 확신한 일에 거하라딤후 3:14

나는 우리가 다른 관점에 대한 경쟁심이나 거부감을 가지지 않으면서 아나뱁티스트 신앙을 강화할 수 있다는 말로 이 책을 시작했다. 우리는 서로에게 배울 때 더욱 강해진다. 나는 지금까지 아나뱁티스트의 관점에서 기독교 신앙의 핵심이라고 믿는 것에 대해 살펴보았다. 10장까지의 내용은 모두 세 가지 핵심 가치와 관련하여 구성되어 있다.

핵심 가치는 무엇인가?

• 예수는 우리 신앙의 중심이다. 예수는 기독교에 대한 우리의 이해와 성경 해석의 중심이며, 우리의 궁극적 충성의 대상이시다.
• 공동체는 우리 삶의 중심이다. 공동체는 수평적 용서를 통해 형성되며, 하나님의 뜻을 분별하는 장이다. 이 공동체는 소그룹을 통해 가장 효율적으로 운영된다.

• 화해는 우리 사역의 중심이다. 화해는 하나님과의 관계를 형성하고 조화로운 인간관계를 형성하며 갈등으로 가득한 세상의 평화를 조성하는 핵심 요소다.

성령은 이 세 가지 가치를 이해하고 실천하며 효율적으로 시행하기 위한 핵심 요소다.

핵심 쟁점은 무엇인가?

이제 열 가지 질문과 대답을 통해 아나뱁티스트 신앙의 핵심 가치와 본질적 가르침에 대해 간략히 제시함으로써 여러분의 활발한 토론을 기대한다.

기독교란 무엇인가? 기독교는 영적 경험이나 교리 체계나 한 차례의 용서에 대한 경험이 아니다. 기독교는 제자도다. 그것은 날마다 예수를 따르는 삶이다.

우리는 성경을 어떻게 해석해야 하는가?

아나뱁티스트 그리스도인은 모든 성경은 동일한 권위와 가치를 가진다는 평면적 해석이나, 성경은 이스라엘의 역사이자 성취이며 그리스도의 희생에 초점을 맞춘 책이라는 관점을 배제한다. 성경은 그리스도 중심의 윤리적 관점에서, 예수의 눈과 본성을 통해 해석해야 한다.

궁극적 권위는 누구또는 무엇에게 있는가? 아나뱁티스트 신자들은 인간의 질서나 내면의 본성을 따르지 않으며, 성경조차 모든 문구를 맹목적으로 따르지 않는다. 예수는 우리의 최종적 권위가 되신다. 그는 주시다.

공동체의 본질적 요소는 무엇인가? 수직적 용서가 구원의 중요한 요소라면, 수평적 용서는 공동체에 필요한 요소다. 교회는 용서받고 용서하는 신자들이 모인 공동체다.

하나님의 뜻을 어떻게 분별할 수 있는가? 개인적 묵상이나 권위 있는 자의 조언은 하나님의 뜻을 분별하는 바람직한 방법이 아니다. 하나님의 뜻을 분별하는 가장 좋은 방법은 성령의 인도하심을 받는 신자들이 성경을 묵상하고 공동체 안에서 의견을 주고받는 것이다.

우리는 어떻게 공동체를 조직하며 책임을 질 것인가? 북미의 많은 교회는 체계적 조직을 갖추고 있으며, 다양한 프로그램을 통해 봉사한다. 이런 조직은 바람직한 것이 아니다. 초기 교회와 아나뱁티스트 운동은 소그룹으로 시작했으며, 신자들은 함께 모여 상호 권면을 통해 세상에 맞설 힘을 얻었다.

우리는 어떻게 사람들을 하나님과 화해하게 할 것인가? 하나님과의 화해는 용서에 대한 경험으로 시작할 수 있지만, 과거의 죄를 떠나 예수 그리스도께 기꺼이 순종하는 헌신의 결단 또는 일련의 결단들이 필요하다. 믿음과 순종은 함께 가야 한다.

우리는 어떻게 공동체의 지체가 서로 화해하게 할 수 있는가? 죄를 덮어주거나 범법자를 엄격한 형벌에 처하는 것은 모두 예수님의 방식이 아니다. 죄를 범한 자는 그리스도의 원칙과 회복적 정의를 통해 그리스도와의 관계 및 교회와의 관계를 회복할 수 있다.

우리는 어떻게 세상의 갈등을 해소할 것인가? 폭력으로 폭력에 맞서면 더 큰 폭력을 일어난다. 그리스도를 따르는 자들은 선으로 악을 이겨야 하며, 정의를 위한 사역으로 평화를 추구해야 한다. 우리는 우리를 박해하는 자에게 복을 빌어야 한다. 우리는 예수를 따르는 삶과 정면으로 배치되는 세상적 질서는 따르지 않아야 하며, 그로 인해 받는 처벌은 기꺼이 감수해야 한다.

효율성은 어디서 나오는가? 체계적인 조직, 탁월한 지식과 노련한 리더십도 중요하지만, 이러한 요소들이 효율성을 보장할 수는 없다. 가장 확실한 효율성은 그리스도를 따르는 자들이 성령께 자신의 생각과 감정과 행동을 변화시키도록 마음을 열 때 온다.

아나뱁티스트 신앙의 독특한 지표는 무엇인가?

다음은 독특한 기독교 신앙의 열 가지 지표다. 진술을 읽고 여러분의 관점과 같은 항목에 표시해보라. 이 진술 전체가 여러분의 전반적 통찰력을 요약한다면, 자신이 아나뱁티스트 관점을 가진 신자가 아닌지 생각해보라.

1. 나는 기독교가 제자도라고 생각하며, 날마다 예수를 따르는 삶을 추구한다.
2. 나는 성경을 그리스도 중심의 윤리적 관점에서 해석한다.
3. 나는 예수 그리스도를 나의 주시며 구주로 받아들인다.
4. 나는 용서가 구원과 공동체 둘 다를 위해 필요하다고 믿는다.
5. 나는 성경 연구와 함께, 공동체 상호 간에 의견을 주고받음으로써 하나님의 뜻을 분별한다.
6. 나는 얼굴과 얼굴을 마주하고 앉은 모임이 책임감과 생명력이 있는 교회의 기초라고 생각한다.
7. 나는 변화가 하나님의 사역과 그의 사역에 대한 나의 반응의 결과라고 믿는다.
8. 나는 묵상과 그리스도의 원칙을 통해 갈등을 해소한다.
9 나는 모든 형태의 폭력을 반대하며, 선으로 악을 이기려 한다.
10. 나는 예수에 대한 신앙을 공개적으로 고백했으며, 나의 삶과 사역을 통해 성령을 체험하고 있다.

결론적 축복

이 책의 내용을 여러분 주변의 사람들과 나눌 때, 견고한 믿음과 관대한 마음을 가질 수 있기를 축복한다. 여러분은 부디 자기 생각을 나누며 강화할 때 다른 관점에 대한 그릇된 비판을 삼가기를 바란다.

미주

1 Harold S. Bender, "The Anabaptist Vision," in *The Recovery of the Anabaptist Vision*, ed. Guy F. Hershberger (Scottdale, PA: Herald Press, 1957), 29-54.

2 James C. Collins and Jerry I. Porras, "Building Your Company's Vision," *Harvard Business Review* 74, no. 5, (1996).

3 Jeff Wright는 Pacific Southwest Mennonite Conference의 사역자로 봉사하면서 수십 개의 새로운 모임을 양육하여 아나뱁티스트 사상 및 삶에 뿌리내리게 했다. Stuart Murray, 『이것이 아나뱁티스트다』*The Naked Anabaptist: The Bare Essentials of a Radical Faith,* 5th anniv. ed. (Harrisonburg, VA: Herald Press, 2015) 대장간 역간; Alfred Neufeld, 『우리가 함께 믿는 것』*What We Believe Together* (Intercourse, PA: Good Books, 2007) 대장간 역간; John D. Roth, 『믿음』*Beliefs: Mennonite Faith and Practice* (Scottdale, PA: Herald Press, 2005) 대장간 역간; and C. Arnold Snyder, *Anabaptist History and Theology,* rev. student ed. (Kitchener, ON: Pandora Press, 1997)을 참조하라.

4 『메노나이트 신앙고백』*General Conference Mennonite Church and Mennonite Church, Confession of Faith in a Mennonite Perspective* (Scottdale, PA: Herald Press, 1995). 대장간 역간.

5 Alan Kreider, 『회심의 변질』*The Change of Conversion and the Origin of Christendom* (Eugene, OR: Wipf & Stock, 2007), xiv-xvi. 대장간 역간.

6 콘스탄티누스의 전기에 대해서는 William Smith, ed., *A Dictionary of Christian Biography*, vol. 1 (New York: AMS Press, 1974), 623-49를 참조하라.

7 Stuart Murray, 『이것이 아나뱁티스트다』*Naked Anabaptist*, 62. 대장간 역간.

8 어거스틴의 생애와 신학에 대해서는 Erwin Fahlbusch, ed., *The Encyclopedia of Christianity*, vol. 1 (Grand Rapids, MI: Eerdmans, 1999), 159-65를 참조하라.

9 John D. Roth, 『역사』*Stories: How Mennonites Came to Be* (Scottdale, PA: Herald Press, 2006). 대장간 역간. 종교개혁과 관련된 혁명, 개혁 및 갱신에 관한 서술은 2장을 참조하라.

10 Snyder, *Anabaptist History and Theology*, 114-17.

11 Walter Klaassen, 『아나뱁티즘』*Anabaptism: Neither Catholic nor Protestant* (Kitchener, ON: Pandora Press, 2001), 24. 대장간 역간.

12 아나뱁티스트 사상의 다양한 흐름에 대한 통찰력은 Snyder, *Anabaptist History and Theology*, B편을 참조하라.

13 『아나뱁티즘』*Anabaptism: Neither Catholic nor Protestant* was first published in 1973 by Conrad Press. In 2001 it was revised and published as a third edition by Pandora Press, Kitchener, ON. 대장간 역간.

14 Paul M. Lederach, *A Third Way* (Scottdale, PA: Herald Press, 1980).

15 For primary sources related to themes that were important to the Anabaptists, see Walter Klaassen, ed., *Anabaptism in Outline* (Scottdale, PA: Herald Press, 1981).

16 Wilbert R. Shenk, "Why Missional and Mennonite Should Make Perfect Sense," in *Fully Engaged: Missional Church in an Anabaptist Voice*, ed. Stanley W. Green and James R. Krabill (Harrisonburg, VA: Herald Press, 2015), 21-22.

17 Bender, "The Anabaptist Vision," 29-30.

18 Kreider, 『회심의 변질』, 대장간 역간.

19 Theodore Runyon, *The New Creation: John Wesley's Theology Today* (Nashville: Abingdon Press, 1998), ch. 5.

20 J. I. Packer, interview with author, April 1991.

21 Doris Janzen Longacre, *Living More with Less*, 30th anniv. ed. (Harrisonburg, VA: Herald Press, 2010), 28-29.

22 Michele Hershberger, 『하나님의 이야기, 우리의 이야기』*God's Story, Our Story* (Harrisonburg, VA: Herald Press, 2013), 70-71. 대장간 역간.

23 Text drawn from David Augsburger, "The Mennonite Dream," *Gospel Herald* 70, no. 45 (1977), 855-56, reprinted from pamphlet #147, The Mennonite Hour.

24. César García, email message to author, February 5, 2016.

25 Sara Wenger Shenk, "Anabaptist Schools, Scripture and Spiritual Awakening," *The Mennonite*, November 13, 2015, https://themennonite.org/feature/anabaptist-schools-scripture-and-spiritual-awakening/.

26 Roth, 『믿음』*Beliefs: Mennonite Faith and Practice,* 38. 대장간 역간.

27 C. Arnold Snyder, 『아나뱁티스트 신앙의 씨앗으로부터』*From Anabaptist Seed* (Kitchener, ON: Pandora Press, 1999), 12-13. 대장간 역간.

28 Klaassen, Anabaptism in Outline, 23-24, 72-73, 140ff.

29 Bruxy Cavey, "Walking in Receiving and Giving" (sermon, Mennonite World Conference Assembly, Harrisburg, PA, July 25, 2015).

30 Peter Kehler served as a missionary in Taiwan from 1959 to 1975 and from 1991 to 1993.

31 Ervin Stutzman, email message to author, January 31, 2016.

32 John Powell, email message to author, January 25, 2016.

33 Marion Bontrager, "Introduction to Biblical Literature," course Hesston (Kans.) College.

34 Gayle Gerber Koontz, "The Trajectory of Scripture and Feminist Conviction," Conrad Grebel Review 5, no. 3, (1987), 207.

35 Grace Holland, "Women in Ministry/Leadership in the Church," in

Windows to the Church: Selections from Twenty-Five Years of the Brethren in Christ History and Life, ed. E. Morris Sider (Grantham, PA: Brethren in Christ Historical Society, 2003), 111.

36 Michele Hershberger, "Reading the Bible through a Missional Lens," in Green and Krabill, Fully Engaged, 180.

37 Quoted in Paul Schrag, "Claiborne: Make Holy Mischief," Mennonite World Review, February 29, 2016.

38 Confession of Faith in a Mennonite Perspective, 21-24.

39 Walter Wink, The Powers That Be: Theology for a New Millennium (New York: Doubleday, 1998), 39.

40 See especially chapter 6 in John D. Redekop, Politics Under God (Scottdale, PA: Herald Press, 2007).

41 Ibid., ch. 6.

42 Roberta Hestenes, lecture in the course "Building Christian Community through Small Groups" (Fuller Theological Seminary, Pasadena, CA, May 12-23, 1986).

43 Dietrich Bonhoeffer, The Cost of Discipleship (New York: Macmillan Publishing, 1961), 47.

44 Martin Luther King Jr., quoted on USA Today Network, January 18, 2016.

45 April Yamasaki, Sacred Pauses: Spiritual Practices for Personal Renewal (Harrisonburg, VA: Herald Press, 2013), 86-87.

46 Ken Sande, The Peacemaker: A Biblical Guide to Resolving Personal Conflict (Grand Rapids, MI: Baker Books, 1997), 109-19.

47 변화적 용서와 지위적 용서에 대한 상세한 설명은 앞의 책, 190을 참조하라.

48 "비통한 용서"(forgrieving)라는 단어는 Fuller Theological Seminary, Pasadena, California의 David Augsburger교수가 만들었다.

49 Suzanne Woods Fisher, The Heart of the Amish: Life Lessons on

Peacemaking and the Power of Forgiveness (Grand Rapids, MI: Revell, 2015), 90.

50 Ibid., 23.

51 John H. Yoder, trans. and ed., *The Schleitheim Confession* (Scottdale, PA: Herald Press, 1973, 1977).

52 이 내용은 Michael Green의 "The Gospel of Matthew," Regent College, Vancouver, BC, 1988)에서 발췌한 정보다.

53 Byron Weber Becker, interview with author, May, 2016.

54 Jessica Reesor Rempel, correspondence with author, February 9, 2016.

55 John Powell, correspondence with author.

56 Takashi Yamada in discussion with author, July 1978.

57 William A. Beckham, *The Second Reformation: Reshaping the Church for the 21st Century* (Houston, TX: Touch Outreach Ministries, 1998), 25-26.

58 Reta Halteman Finger, *Of Widows and Meals: Communal Meals in the Book of Acts* (Grand Rapids, MI: Eerdmans, 2007), 4-6.

59 Roberta Hestenes, "Definition of a Small Group: What Christian Small Groups Do" (lecture, Fuller Theological Seminary, Pasadena, CA, May 12, 1986).

60 Stutzman, email.

61 Conrad L. Kanagy, Tilahun Beyene, and Richard Showalter, *Winds of the Spirit: A Profile of Anabaptist Churches in the Global South* (Harrisonburg, VA: Herald Press, 2012), 59.

62 Ibid., 29.

63 Robert C. Solomon, *The Big Questions* (San Diego: HBJ Publishers, 1990), 47.

64 Snyder, *Anabaptist History and Theology*, 419.

65 Ibid., 87.

66 Ibid., 419.

67 Jim Wallis, *The Call to Conversion* (San Francisco: HarperOne, 2005), 4.

68 Myron S. Augsburger, *introduction to Probe: For an Evangelism That Cares,* ed. Jim Fairfield (Scottdale, PA: Herald Press, 1972), 7.

69 David Schroeder(1924-2015)는 Canadian Mennonite Bible College에서 존경받는 성경학 교수였으며, 지금은 Canadian Mennonite University, Winnipeg, MB에 있다.

70 Albert J. Wollen은 1987년 Peace Mennonite Church, Richmond, BC의 소그룹에서 워크숍을 인도한 후, 나와 함께 이 삽화에 대해 의견을 나눈 바 있다.

71 Mennonite Church USA, "Desiring God's Coming Kingdom: A Missional Vision and Purposeful Plan for Mennonite Church USA" (Elkhart, IN: 2014), 3, http://mennoniteusa.org/wp-content/uploads/2015/03/PurposefulPlan_2014Feb25.pdf.

72 Darren Petker, "Dying for Change," *Mennonite Brethren Herald*, December 2015, 19, http://mbherald.com/dying-for-change/.

73 Rick Warren, *The Purpose Driven Life* (Grand Rapids, MI: Zondervan, 2002), 183.

74 Willy Reimer, "Being a Denomination Led by the Holy Spirit," *Mennonite Brethren Herald*, March 1, 2014, http://mbherald.com/being-a-denomination-led-by-the-holy-spirit/.

75 Franklin Littell, *The Anabaptist View of the Church* (Boston, MA: Starr King Press, 1958), 1.

76 Hyoung Min Kim, *Sixteenth-Century Anabaptist Evangelism: Its Foundational Doctrines, Practices, and Impacts* (PhD dissertation, Southwestern Baptist Theological Seminary, 2001).

77 John K. Stoner, Jim Egli, and G. Edwin Bontrager, *Life to Share* (Scottdale, PA: Mennonite Publishing House, 1991), 27.

78 Hans Kasdorf, "Anabaptists and the Great Commission in the Reformation," *Mennonite Quarterly Review* 4, no. 2 (1975): 303-18.

79 Wolfgang Schaeufele, "The Missionary Vision and Activity of the

Anabaptist Laity," *Mennonite Quarterly Review* 36 (1962): 99-115.

80 Probe' 72, Minneapolis, MN, April 1972.

81 Rick Warren, *The Purpose Driven Church* 2nd ed., (Grand Rapids, MI: Zondervan, 2002), 158.

82 Walter Klaassen, *Living at the End of the Ages* (Lanham, MD: University Press of America, 1992), 211.

83 *Modified from Mediation and Facilitation Training Manual: Foundations and Skills for Constructive Conflict Transformation,* 4th ed. (Akron, PA: Mennonite Conciliation Service, 2000), 31-33.

84 Howard Zehr, 『회복적 정의 리틀북』*The Little Book of Restorative Justice* (New York: Good Books, 2015), 6. 대장간 역간.

85 『신자들을 위한 목회매뉴얼』*Minister's Manual*, ed. John Rempel (Scottdale, PA: Herald Press, 1998). 대장간 역간.

86 Hymnal: *A Worship Book* (Scottdale, PA: Mennonite Publishing House, 1992), no. 777.

87 Murray, 『이것이 아나뱁티스트다』*Naked Anabaptist*, 122-23. 대장간 역간.

88 Marlin Jeschke, *Discipling in the Church: Recovering a Ministry of the Gospel* (Scottdale, PA: Herald Press, 1988), 16.

89 Stutzman, correspondence with the author.

90 Cavey, "Walking in Receiving and Giving."

91 Ervin R. Stutzman, *From Nonresistance to Justice: The Transformation of Mennonite Church Peace Rhetoric 1908-2008* (Scottdale, PA: Herald Press, 2011), 284.

92 Dietrich Bonhoeffer, *Ethics* (New York: Touchstone Books, 1955), 79.

93 Murray, 『이것이 아나뱁티스트다』*Naked Anabaptist,* 151. 대장간 역간.

94 James C. Juhnke and Carol M. Hunter, *The Missing Peace: The Search for Nonviolent Alternatives in United States History* (Kitchener, ON: Pandora Press, 2004).

95 Murray, 『이것이 아나뱁티스트다』*Naked Anabaptist,* 150. 대장간 역간.

96 Snyder, 『아나뱁티스트 신앙의 씨앗으로부터』*From Anabaptist Seed,* 42, 44. 대장간 역간.

97 Ronald J. Sider, *Nonviolent Action: What Christian Ethics Demands but Most Christians Have Never Really Tried* (Grand Rapids, MI: Brazos Press, 2015), xiii.

98 Gene Sharp, *Politics of Nonviolent Action,* vol. 2 (Boston, MA: Porter Sargent, 1973).

99 Sider, *Nonviolent Action,* xv.

100 Ibid., 146-50.

101 Sarah Thompson, "Moving Toward Conflict and the Beloved Community," *The Mennonite,* January 18, 2016, https://themennonite. org/moving-towards-conflict-and-the-beloved-community/.

102 Pope Paul VI, "Message of His Holiness for the Celebration of the Day of Peace," January 1, 1972.

103 Bonnie Price Lofton, "Oakland Youth Transformed by Restorative Justice Practices," *The Mennonite,* May 27, 2015, https://themennonite. org/daily-news/oakland-youth-transformed-by-restorative-justice-practices/.

104 "Brief History of Conscientious Objection," last modified November 2007, https://www.swarthmore.edu/library/peace/conscientiousobjec tion/co%20website/pages/HistoryNew.htm.

105 Palmer Becker, "I Was Ready to Fight," *Our Faith Mennonite Digest* (Spring 2004), 9.

106 Additional examples include BIC Compassionate Ministries of Zambia, Mennonite Brethren Development Organization of India, Mennonite Diakonia Service of Indonesia, Korea Anabaptist Center, Christlicher Dienst of Germany, Centro Cristiano para Justicia of Colombia, Mennonite Central Committee Canada, Mennonite Central Committee U.S., and Mennonite Disaster Service.

107 Laura Kalmar, "The God-Bearing Life . . . of a Magazine," *Mennonite Brethren Herald,* June 2015, 4.

108 J. B. Toews, "Spiritual Renewal," in The Witness of the Holy Spirit: Proceedings of the Eighth Mennonite World Conference, ed. Cornelius J. Dyck (Elkhart, IN: Mennonite World Conference, 1967), 56-63.

109 Peter Klassen, "The Anabaptist View of the Holy Spirit," *Mennonite Life* 23, no. 1 (1968): 27-31.

110 Klaassen, *Living at the End of the Ages,* ch. 4.

111 Menno Simons, *Complete Writings of Menno Simons*, trans. John Funk (Elkhart, IN: 1870), 496.

112 Walter Klaassen, "Spiritualization in the Reformation," *Mennonite Quarterly Review* 37 (1963), 67-77.

113 Richard J. Foster, *Celebration of Discipline: The Path to Spiritual Growth* (New York: Harper & Row, 1978), 5.

114 이 통계자료는 Winds of the Spirit에 보도된 Kanagy, Beyene, and Showalter의 자료와 *Mennonite World Conference in World Directory*, 2015에 나오는 자료를 결합한 수치다.

115 David Wiebe, review of Kanagy, Beyene, and Showalter, *Winds of the Spirit, Mennonite Brethren Herald*, January 1, 2013.

116 Arthur Duck, "Exuberance for the Spirit: Acts 2 from a Brazilian Perspective," *Mennonite Brethren Herald*, June 1, 2011.